Crescer em Comunhão
CATEQUESE DE INSPIRAÇÃO CATECUMENAL

Livro do catequizando

5

Célio Reginaldo Calikoski

Débora Regina Pupo

Léo Marcelo Plantes Machado

Maria do Carmo Ezequiel Rollemberg

Virginia Feronato

EDITORA VOZES

Petrópolis

© 2002, 2014, 2021, Editora Vozes Ltda.
Rua Frei Luís, 100
25689-900 – Petrópolis, RJ
www.vozes.com.br
Brasil
36ª edição, 2022

6ª reimpressão, 2025.

Todos os direitos reservados. Nenhuma parte desta obra poderá ser reproduzida ou transmitida por qualquer forma e/ou quaisquer meios (eletrônico ou mecânico, incluindo fotocópia e gravação) ou arquivada em qualquer sistema ou banco de dados sem permissão escrita da editora.

Imprimatur

Dom José Antonio Peruzzo
Presidente da Comissão Episcopal Pastoral para Animação Bíblico-Catequética – CNBB
Bispo referencial da Animação Bíblico-Catequética no Regional Sul II – CNBB
Arcebispo da Arquidiocese de Curitiba - PR
Agosto de 2021

CONSELHO EDITORIAL

Diretor
Volney J. Berkenbrock

Editores
Aline dos Santos Carneiro
Edrian Josué Pasini
Marilac Loraine Oleniki
Welder Lancieri Marchini

Conselheiros
Elói Dionísio Piva
Francisco Morás
Teobaldo Heidemann
Thiago Alexandre Hayakawa

Secretário executivo
Leonardo A.R.T. dos Santos

PRODUÇÃO EDITORIAL

Anna Catharina Miranda
Eric Parrot
Jailson Scota
Marcelo Telles
Mirela de Oliveira
Natália França
Priscilla A.F. Alves
Rafael de Oliveira
Samuel Rezende
Verônica M. Guedes

Projeto gráfico: Ana Maria Oleniki
Diagramação: Ana Paula Bocchino Saukio
Revisão gráfica: Francine Porfirio Ortiz
Capa: Ana Maria Oleniki
Revisão teológica: Débora Regina Pupo

ISBN 978-65-571-3373-6

Este livro foi composto e impresso pela Editora Vozes Ltda.

SUMÁRIO

Apresentação, 5

BLOCO 1 — A PESSOA: CENTRO DA ATENÇÃO DE DEUS

1. QUEM SOU EU: MEU JEITO DE SER E DE AGIR, 8
2. SOU ESPECIAL PARA DEUS, 13
3. PECADO: CONEXÃO PERDIDA, 18
4. RECONECTAR-SE COM DEUS, 23
5. **ENCONTRO CELEBRATIVO:** JORNADA DO PERDÃO, 29

BLOCO 2 — UM SER EM RELAÇÃO COM O OUTRO

6. CADA FAMÍLIA É ÚNICA, 34
7. SER E TER AMIGOS, 38
8. AMOR E RESPONSABILIDADE: SOMOS TEMPLOS DO ESPÍRITO SANTO, 44
9. SER HONESTO VALE A PENA?, 49
10. **ENCONTRO CELEBRATIVO:** QUAL É O MEU LUGAR NO PROJETO DE DEUS?, 52

BLOCO 3 — UM SER EM RELAÇÃO COM O MUNDO

11. EM DEFESA DA CRIAÇÃO, 58
12. EM DEFESA DA VIDA, 62
13. SOMOS CONSTRUTORES DA PAZ, 66
14. NOSSO "SIM" A UM VIVER DIFERENTE, 72
15. **ENCONTRO CELEBRATIVO:** EU VIM PARA QUE TENHAM VIDA, 76

BLOCO 4 — UM SER EM RELAÇÃO COM A COMUNIDADE

16 MISSÃO DO CRISTÃO: OUVIR E PRATICAR O EVANGELHO, 82

17 O ESPÍRITO SANTO NA VIDA DO CRISTÃO, 87

18 VIDA NOVA EM CRISTO, 91

19 COMO SER JOVEM NA COMUNIDADE, 95

CELEBRAÇÃO COMUNITÁRIA: ENTREGA DA CRUZ, 101

BLOCO 5 — PERMANECER EM CRISTO

20 BANHADOS EM CRISTO, SOMOS NOVAS CRIATURAS, 104

21 PERFUMADOS PELO ESPÍRITO, 111

22 DONS QUE ILUMINAM A VIDA, 118

23 ALIMENTADOS PELA EUCARISTIA, 124

CELEBRAÇÃO COM AS FAMÍLIAS: ILUMINADOS POR CRISTO, 128

CELEBRAÇÃO: CONFIRMADOS PELO ESPÍRITO, 131

CELEBRAÇÃO COM AS FAMÍLIAS: CELEBRAR A VIDA EM COMUNIDADE, 134

Queridos catequizandos,
Prezados pais e familiares,
Estimados catequistas,

Mais uma vez foi revisada a *Coleção Crescer em Comunhão*. Ela lhes chega com o desejo de acompanhar o caminho de fé de crianças e adolescentes. As páginas em suas mãos trazem textos portadores de preciosos conteúdos catequéticos, expostos com cuidados didáticos e muita sensibilidade pedagógica.

Os autores trabalharam com muita dedicação, tendo os olhos fixos em vocês, queridos catequizandos. Ao escreverem, mantiveram a atenção e a sensibilidade à idade, aos interesses, às necessidades e à linguagem própria de quem pode crescer na fé mediante a educação para o discipulado na catequese. Mas também vocês, queridos catequistas, foram lembrados, tendo reconhecidos suas experiências e o anseio de fazer ecoar a Palavra de Deus.

A vocês, prezados pais e familiares, recordo que, em catequese, nada é tão decisivo quanto o interesse e a participação da família. O testemunho de fé que os catequizandos encontrarem em casa, assim como o entusiasmo pela formação catequética dos filhos, farão com que eles percebam a grandeza do que lhes é oferecido e ensinado.

Agora, pronta a obra, chegou o momento de apresentá-la aos destinatários. É um bom instrumento. É um recurso seguro aos que se entregam à catequese. Mas a experiência de fé vem de outra fonte. Vem do encontro com Jesus Cristo. Por Ele, vale a pena oferecer o melhor. Com Ele, podemos *Crescer em Comunhão*.

Dom José Antonio Peruzzo
Arcebispo da Arquidiocese de Curitiba – PR
Bispo referencial da Animação Bíblico-Catequética no Regional Sul II – CNBB
Presidente da Comissão Episcopal Pastoral para Animação Bíblico-Catequética – CNBB

BLOCO 1

A PESSOA: CENTRO DA ATENÇÃO DE DEUS

1 QUEM SOU EU: MEU JEITO DE SER E DE AGIR

2 SOU ESPECIAL PARA DEUS

3 PECADO: CONEXÃO PERDIDA

4 RECONECTAR-SE COM DEUS

5 ENCONTRO CELEBRATIVO
JORNADA DO PERDÃO

1

QUEM SOU EU: MEU JEITO DE SER E DE AGIR

Na ponta dos nossos dedos trazemos a marca física do que nos faz seres únicos no Universo: as digitais. Entretanto elas apenas nos identificam fisicamente. O que somos depende da forma como aprendemos, como pensamos, como sentimos, como nos expressamos. Nossa personalidade estará em formação até o dia em que nosso corpo físico não mais existir.

Freepik

Todos nós somos únicos e possuímos características que nos fazem especiais diante de Deus. Por sermos únicos, nossos sonhos e objetivos também são diferentes, mas todos nós temos um desejo em comum: a felicidade.

Na busca pela felicidade, desenvolvemos uma rede de ações e relações que nos faz precisar uns dos outros; que nos faz compreender que quanto mais nos conhecemos, melhor nos relacionamos conosco, com os outros e com Jesus. Ele, que é a imagem mais perfeita de Deus na Terra, nos convida a olhar para nós mesmos e enxergar em nós nossos irmãos e irmãs.

CRESCER COM A PALAVRA

SE LIGA no catequista. Ele vai orientar você na atividade de completar as informações na ilustração do boneco..

Agora que identificou o boneco com as características que representam você, vamos refletir sobre o seu modo de agir. Para isso, leia o texto bíblico.

 Mt 7,12-14

Senhor, faz-me fiel seguidor da tua Palavra.

1. Agora reflita, anote e converse com o grupo.

   a. Por que o versículo 12 é chamado de "regra de ouro"?

_____
_____
_____

   b. Você tem agido com os outros da mesma forma que deseja que eles ajam com você?

_____
_____
_____

   c. Você acha simples viver a regra de ouro?

_____
_____
_____
_____

   d. O que Jesus quis dizer nos versículos 13 e 14?

_____
_____
_____
_____

CRESCER NO COMPROMISSO

✶ Procurar agir conforme a regra de ouro nos faz refletir sobre os valores do Evangelho e sua importância em nossas vidas. Que tal fazer um dossiê do seu agir?

a. Como é meu modo de agir:

Com a família	
Com amigos	
Na escola	
No lazer	
Comigo mesmo	

Sabemos que a nossa vida é feita de escolhas. Se desejarmos, podemos fazer tudo de forma diferente e melhor. Veja quais ações você precisa melhorar no seu viver e comprometa-se a transformar seu agir fundamentando-se na regra de ouro:

"Tudo o que você deseja que os outros lhe façam, faça você também a eles".

CRESCER NA ORAÇÃO

Pegue seu livro de catequese e observe o que escreveu no boneco sobre seu sentir, pensar e agir. Depois faça a seguinte oração:

Eis-me aqui, Senhor, exatamente como sou.

Com qualidades e defeitos, com sonhos e frustrações, com convicções e incertezas, com sentimentos bons e ruins, com necessidades e muita coisa para ofertar, com medo e coragem.

É assim que sou, mas quero ser melhor.

Quero ser cada vez mais como Jesus e transformar minhas ações para que sempre promovam o bem a mim e ao meu próximo.

Para isso, Senhor, necessito do seu Espírito a me guiar e conduzir no caminho estreito que leva a ti.

Para encerrar o encontro, cantemos.

"Tudo o que desejais que os outros vos façam, fazei-o também vós a eles." (Mt 7,12)

2

SOU ESPECIAL PARA DEUS

A Sagrada Escritura nos ensina que Deus criou o ser humano à sua imagem e semelhança (Gn 1,27), o que pode ser percebido nas características impressas na humanidade por Ele. A pessoa humana possui inteligência, sendo capaz de pensar e expressar seu pensamento; sentir emoções; dominar e transformar a natureza; comunicar-se e viver em sociedade. Como característica mais importante dessa semelhança, Deus dá ao ser humano a liberdade, ou seja, a capacidade de escolher, decidir e fazer opções.

Criado por amor, pelo amor e para o amor, o ser humano recebeu de Deus o mundo e a responsabilidade de cuidar de toda a criação, e isso inclui a si mesmo e as outras pessoas. Cada pessoa é gravada no coração de Deus, que nos oferece seu amor incondicionalmente. A todo esse amor precisamos responder amando.

CRESCER COM A PALAVRA

 O Salmo 139(138) nos fala da certeza de que Deus nos conhece desde sempre e nos ama com amor infinito. Antes da leitura vamos rezar:

Senhor, guia-me durante a leitura bíblica para que eu possa compreender teu ensinamento!

 Sl 139(138)

Senhor, faz-me fiel seguidor da tua Palavra.

1. Agora reflita e anote:

   a. De que nos fala o Salmo 139(138)?

   _____
   _____
   _____
   _____

   b. O Salmo 139(138) nos revela três atributos exclusivos de Deus: onisciência (Deus sabe tudo), onipotência (Deus pode tudo) e onipresença (Deus está em todo lugar em qualquer tempo). Escolha no texto um versículo para demonstrar cada um desses atributos divinos:

14

c. Como vê a presença de Deus em você e nas coisas à sua volta?

_____
_____
_____
_____

d. Releia os versículos 23 e 24 e, com um colega, discuta sobre o que salmista quis expressar. Registre suas conclusões.

_____
_____
_____
_____
_____

e. Criado à imagem e semelhança de Deus, respondo à missão de viver em harmonia comigo mesmo, com as outras pessoas e com a natureza criada por Ele?

_____
_____
_____
_____

SE LIGA no catequista. Ele vai orientar você na dinâmica.

No versículo 13 do salmo, lemos que Deus nos moldou e teceu no ventre de nossa mãe. Essa linguagem nos transmite a ideia de um Deus que é artesão, que usa suas mãos para criar uma obra-prima: o ser humano.

Podemos dizer que nossas mãos são obras de arte das mãos de Deus. Cheias de habilidades, foram criadas para realizarem várias tarefas – as mãos podem trabalhar, puxar, segurar, empurrar, acariciar, bater, comunicar; elas podem proteger, abençoar, aquecer, moldar; podem estar à disposição para servir ou serem inúteis. O polegar, por ser opositor aos demais dedos, permite que a mão pegue e segure objetos para manipulá-los como ferramentas e instrumentos.

2. Como você quer usar suas mãos no projeto de Deus para a humanidade? Escreva suas ações ao redor da imagem.

CRESCER NA ORAÇÃO

As mãos também ajudam na oração e vão mudando de posição conforme a modalidade: elevam-se em louvor, estendem-se para pedir e oferecer, unem-se no clamor, encontram-se na oração comunitária. Coloque suas mãos na posição que desejar para dirigir-se ao Senhor. Lembre-se do salmista que fala com delicadeza do carinho de Deus por você e pelas obras que criou, então reze:

> "Senhor, graças te dou pela maneira espantosa como fui feito tão maravilhosamente. Maravilhosas são tuas obras; sim, eu bem o reconheço. Sonda-me, ó Deus, e conhece o meu coração! Examina-me e conhece as minhas preocupações! Vê se estou no caminho fatal e conduza-me pelo caminho duradouro!" (Sl 139,14.23-24).

CRESCER NO COMPROMISSO

✳ Toda vida criada no mundo está ligada a Deus, que é o Criador. Ele cuidou de cada detalhe, mas pede ao ser humano que cuide da vida assim como Ele. No compromisso durante esta semana, você é convidado a observar como a vida à sua volta está sendo cuidada.

Comece com coisas simples: olhe as plantas ao seu redor e veja se estão recebendo tudo o que precisam. Olhe para a forma como a sua casa e o seu quarto estão organizados, e se proporcionam bem-estar. Observe como o lixo produzido na sua casa é descartado. Veja como as pessoas da sua casa se tratam e se cuidam.

Por último, observe se você está cuidando de si mesmo – do seu corpo, da sua mente e do seu espírito –, e se as pessoas podem ver em você a imagem e semelhança de Deus. Anote o que você considerar necessário mudar e escolha, a cada dia, uma ação que o fará trilhar os caminhos do Senhor.

Hoje é você quem escolhe o versículo!

3

PECADO: CONEXÃO PERDIDA

Fomos criados para servir a Deus numa relação de amor, interdependência e partilha, de modo inteligente, em comunidade. A essa relação podemos chamar de conexão. Mas, se algo gera interferência em nosso relacionamento com Deus, podemos dizer que a nossa comunicação com Ele perde a conexão.

Embora sintamos a presença e o amor de Deus, nós podemos fazer mau uso de nossa liberdade e escolher o mal. Essa escolha interfere diretamente no sinal de nossa conexão e nos tira do convívio divino, bem como prejudica o convívio com os demais. Quando escolhemos o mal, sofremos e ficamos presos à nossa autossuficiência, acreditando que não precisamos mais de Deus nem de ninguém para saber escolher o caminho certo.

Quanto mais praticamos o bem, mais nos tornamos livres. A liberdade só existe se estiver a serviço do bem e da justiça, e ela nos torna responsáveis por nossos atos.

CRESCER COM A PALAVRA

 Antes de ler o texto bíblico silencie seu coração e peça ao Espírito Santo que ajude você a compreender os projetos de Deus.

Rezemos: *Vinde, Espírito Santo, enchei...*

 Gn 4,1-16

Senhor, faz-me fiel seguidor da tua Palavra.

1. Leia o texto e reflita sobre as questões a seguir.

Sobre a origem do pecado encontramos na Bíblia a narrativa de que Adão e Eva quiseram ser como deuses, e não depender de seu Criador. O ato da desobediência nos dá a impressão de uma afronta a Deus. A ruptura com Deus é o pecado, e por ele acontece também a ruptura entre a humanidade.

A narrativa de Caim e Abel apresenta a violência e a devastação provocadas pelo pecado, bem como a escravidão que ele traz. No texto de Gênesis, Caim se envolve num emaranhado de sentimentos que o levam a pecar contra seu irmão Abel. Todo pecado tem consequências e prejudica nossa conexão com Deus

a. Converse com seus colegas sobre o texto e identifique os pecados e as suas consequências, fazendo anotações.

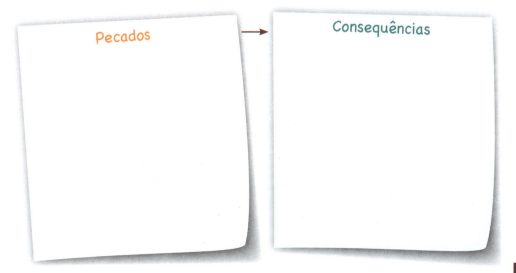

Pecados → Consequências

Vivemos conectados e buscamos sempre um sinal mais veloz que nos ajude a não perder a conexão. A velocidade com que as informações e os juízos de valor circulam pelo mundo, no entanto, pode causar confusão em nossa consciência a respeito do bem e do mal. Essa confusão nos leva a não entender o que é pecado e, até mesmo, a afirmar que ele não existe.

Pecado é:

- uma ofensa a Deus e sua criação com consciência, liberdade e vontade;
- falta de amor a Deus e ao próximo:
- desprezo por Deus e desobediência a Ele por achar-se autossuficiente para determinar o que é bom e o que é mau.

2. Com base nas definições de pecado, faça uma análise da sua vida e responda:

a. Você pode se considerar um pecador? Por quê?

_____
_____
_____
_____

⏻ **SE LIGA** no catequista e participe da dinâmica que ele irá propor. Ele vai ajudar você a compreender melhor o tema do encontro.

CRESCER NA ORAÇÃO

✶ Na dinâmica do encontro vocês formaram um símbolo. Agora desenhe-o em seu livro e, com as palavras usadas na dinâmica, elabore uma oração pedindo que sua liberdade seja sempre orientada para Deus.

CRESCER NO COMPROMISSO

Quando nosso computador, ou celular, sofre a invasão de um vírus, sabemos que as coisas podem ficar complicadas e até perdermos dados e conexões. Da mesma forma, quando da presença e da intimidade com Deus, nossa conexão fica lenta e às vezes até se perde; ficamos sem proteção contra os diferentes vírus que deformam nossas vidas: orgulho, intolerância, desrespeito, ganância.

As redes sociais se tornaram nosso espaço preferido, pois é lá que nossas relações acontecem – o vírus também complica esse ambiente. Quando pecamos, comprometemos nossa relação com as pessoas ao nosso redor e na sociedade que vivemos, pois nos afastamos da comunidade, daqueles que mais amamos, e nos tornamos indiferentes aos problemas do mundo.

✱ Como compromisso para esta semana, analise seu agir e identifique algumas atitudes que você precisa mudar para elevar sua conexão com Deus e com o próximo.

"Não é verdade que se fizeres o bem, andarás de cabeça erguida? Mas se não o fizeres, o pecado não estará à porta espreitando-te como um assaltante? Tu, porém, terás que dominá-lo." (Gn 4,7)

22

4

RECONECTAR-SE COM DEUS

O pecado atrapalha nossa conexão com Deus e com os irmãos. Para que essa comunicação seja restabelecida, é preciso reconhecer a nós mesmos enquanto pecadores e, num gesto de humildade e arrependimento, pedir perdão e perdoar. Deus respeita nossa liberdade e nossas escolhas, mas é Pai misericordioso e, a distância, está aguardando o momento em que nos arrependeremos para correr ao nosso encontro, nos abraçar e nos oferecer vida nova. O sacramento da Reconciliação é esse abraço terno que o Pai nos oferece para nos devolver a dignidade de filhos seus.

CRESCER COM A PALAVRA

 Vamos recordar a história do filho pecador e do pai misericordioso que nunca deixou de esperar seu retorno.

 Lc 15,11-32

Senhor, faz-me fiel seguidor da tua Palavra.

A parábola contada por Jesus para explicar aos apóstolos o quanto Deus é misericordioso nos apresenta um jovem que pede ao pai sua parte na herança para, então, sair de casa e viver a vida. Embora seja direito do filho, o que nos surpreende é que ele faz tal pedido com o pai ainda vivo.

23

1. Releia o texto bíblico e responda:

a. Você conhece alguém que já desejou sair de casa para viver grandes aventuras? Ou, quem sabe, você já sentiu alguma vez esse desejo?

_____
_____
_____

b. Por conta de sua prodigalidade, ou seja, pela forma como usa o dinheiro da herança, o que acontece ao jovem da parábola?

_____
_____
_____
_____

c. Qual o significado da expressão "cuidar de porcos" para o povo daquela época?

_____
_____

d. O que fez o jovem desejar voltar?

_____
_____

e. Qual é a atitude do pai ao avistar o filho?

_____
_____
_____

f. Comente sobre a reação do irmão mais velho. Você já presenciou atitudes semelhantes?

_____
_____
_____
_____

⏻ **SE LIGA** no catequista. Ele enrolará você numa dinâmica.

2. Com base na dinâmica realizada, comente o significado de cada imagem e o que você refletiu em relação ao pecado.

A parábola do Pai Misericordioso nos orienta também sobre os passos que precisamos dar para voltar ao convívio de Deus. Precisamos olhar para o nosso agir atentamente e ver se estamos pecando. Esses passos nos levam ao sacramento da Reconciliação.

Exame de consciência: Na nossa consciência, Deus colocou a sua lei – "Fuja do mal e pratique o bem" (1Pd 3,11) –, ou seja, olhando para o mais íntimo de nós mesmos, podemos descobrir o que rompe nossa amizade com Deus e com os irmãos. Neste momento é importante relembrar os Dez Mandamentos e as oito bem-aventuranças.

Arrependimento: É o sentimento de rejeição do pecado, quando você percebe o mal que sua ação provocou.

Propósito: É o esforço pessoal de não repetir os atos e as atitudes que rompem com Deus, com o próximo, com a comunidade eclesial, com toda a natureza criada. Envolve buscar a prática de atitudes novas que nos aproximam sempre mais daquilo que Jesus Cristo nos deixou como caminho do amor de Deus.

Confissão: É o momento que declaramos nossa situação de pecado diante do sacerdote, que representa Deus e a comunidade eclesial.

Penitência: É a reparação dos erros cometidos. Não é castigo, mas um ato de restaurar os danos causados pelos pecados.

3. De acordo com sua experiência, o que você tem a dizer sobre a confissão?

_____
_____
_____
_____
_____
_____
_____
_____
_____
_____
_____
_____
_____
_____
_____
_____
_____

CRESCER NO COMPROMISSO

★ Você recebeu do catequista um pedaço de barbante para ajudar no compromisso da semana. Observe suas ações e seus pensamentos para, todas as vezes que seu modo de agir, de pensar, de falar ou de calar não estiver de acordo com os propósitos de Deus, dar um nó no barbante para marcar. Ao final do dia, observe quantas vezes você "pisou na bola" e comprometa-se a pedir perdão, a reparar o dano que causou e a não pecar mais.

CRESCER NA ORAÇÃO

Para concluir nosso encontro, vamos rezar o Salmo 50(51), que expressa nosso pedido de perdão e o desejo de sermos purificados.

Tem piedade de mim, ó Deus. Segundo a tua misericórdia, segundo a tua grande clemência, apaga as minhas transgressões!

Lava-me inteiro da minha culpa e purifica-me do meu pecado!

Pois reconheço minhas transgressões e tenho sempre presente o meu pecado.

Pequei contra ti, contra ti somente, e pratiquei o mal aos teus olhos.

Assim serás considerado justo em tua sentença, incontestável em teu julgamento.

Eis que nasci culpado, e pecador minha mãe já me concebeu!

Tu queres sinceridade interior e no íntimo me ensinas a sabedoria.

Purifica-me com hissope e ficarei limpo!

Lava-me e ficarei mais branco do que a neve!

> Espécie de planta conhecida como manjerona ou manjericão da folha larga. Bastante aromática, era utilizada em rituais de purificação diversos com suas folhas amarradas em molhos para aspergir.

Faze-me ouvir o júbilo e a alegria para que exultem os ossos que trituraste. Esconde o teu rosto dos meus pecados e apaga todas as minhas culpas!

Ó Deus, cria em mim um coração puro e renova-me por dentro com um espírito decidido. Amém.

"'Vamos comer e nos alegrar, porque este meu filho estava morto e voltou à vida, estava perdido e foi encontrado'. E começaram a festa." (Lc 15,24)

5

Encontro celebrativo
JORNADA DO PERDÃO

ACOLHIDA
Canto

Animador: Queridos catequizandos, que bom que vocês estão aqui para esta jornada. Com a ajuda do Senhor, vamos até o nosso interior para que possamos nos descobrir melhor e ficar mais próximos do sonho que Deus sonhou para nós. Iniciemos nossa celebração invocando a Santíssima Trindade.

Todos: Em nome do Pai e do Filho e do Espírito Santo. Amém.

Animador: Vamos pedir ao Espírito Santo que nos conduza e ilumine nesta celebração.

Canto

PROCLAMAÇÃO DA PALAVRA

Animador: Vamos ouvir o que o Jesus nos diz em sua Palavra sobre a alegria que o Pai, rico em misericórdia, sente quando nos encontra depois que nos perdemos do seu convívio de amor.

Canto
Leitor: Vamos ouvir o Evangelho de Jesus Cristo segundo Lucas 15,1-10.
Dirigente: Breve reflexão sobre a Palavra.

Canto

1. Saindo de casa – Somos pecadores

Dirigente: Nós somos muito parecidos com o filho pródigo. Estamos em casa cercados de cuidados, mas somos tentados a nos aventurar pelo mundo, a ceder a alguns caprichos e a fazer coisas que acabam com nossa paz. Por mais que nos orientem, clamamos por liberdade.

Animador: Reflita sobre quantas vezes você pensou que tem o direito de ser livre para fazer o que quiser com seu tempo, com seu corpo, com seu dinheiro, e que tudo o que lhe dizem só atrapalha seus sonhos. Pense no quanto você desejou comprar, curtir, passear, andar como e com quem quisesse. Lembre-se de quantas vezes quis pegar sua mochila e sair pelo mundo.

Dirigente: Desejar realizar sonhos não é errado, mas realizá-los virando as costas para os valores de Deus, sim. Vamos caminhar lentamente até nossa primeira parada refletindo sobre quantas vezes nos demos mal agindo por nossa vontade sem ouvir as pessoas que mais nos amam.

Canto

2. Parada dos porcos

Animador: O filho pródigo gastou sua herança numa vida desenfreada, sem regras, e, quando não tinha mais nada, só conseguiu emprego como tratador de porcos. Era um serviço indigno naquele tempo, pois os judeus consideravam os porcos como animais impuros, símbolos de tudo o que era ruim.

Dirigente: O coração daquele jovem estava impuro como os porcos. Vamos olhar para o nosso coração e ver em quais condições ele está. Para nos ajudar na reflexão, pegue o roteiro que o catequista irá lhe entregar, marcando com o lápis os itens que representam seus pecados.

EXAME DE CONSCIÊNCIA

Canto

3. Parada do arrependimento

Animador: Para sermos merecedores do perdão de Deus, precisamos nos arrepender de coração das atitudes que tivemos e que desagradaram profundamente a Deus. É preciso compromisso para não voltar a pecar.

Dirigente: Apresente a Deus os seus pecados representados no roteiro que você tem nas mãos e faça a oração.

Todos: *Senhor, aqui estou com minhas limitações e pecados que tantas vezes me afastam de ti. Confio em tua misericórdia e no teu perdão. Peço que me oriente em teus caminhos, para que eu não me afaste deles nunca mais.*

Dirigente: Agora, enquanto rezamos o ato de contrição, cada um rasgue o papel do roteiro e coloque-o no lixo.

Todos: *Confesso a Deus Todo-Poderoso e a vós, irmãos e irmãs, que pequei muitas vezes, por pensamentos e palavras, atos e omissões, por minha culpa, minha tão grande culpa, e peço à virgem Maria, aos anjos e santos e a vós, irmãos e irmãs, que rogueis por mim a Deus, nosso Senhor.*

4. Parada da purificação

Animador: Na parábola do Pai Misericordioso, refletida no encontro 9, vimos que, depois do abraço, o pai bondoso restitui a dignidade do filho: roupas novas, sandálias e anel. Tornou-o limpo e apresentável. Quando estamos arrependidos de nossas faltas, acabamos por nos tornar pessoas limpas, puras de qualquer mancha do pecado. Vamos expressar nossa pureza de coração lavando nossas mãos na água.

Dirigente: Peçamos à virgem Maria, concebida sem pecado, a graça da pureza e da humildade rezando:

Todos: *"Ó Maria, concebida sem pecado, rogai por nós que recorremos a vós".*

Canto

5. Chegada – A festa

Animador: Perdoados e purificados pelo amor imensurável do Pai, seguindo os ensinamentos de Jesus e confiantes na força do Espírito Santo, peçamos à Trindade que saibamos perdoar a todos os que nos ofenderam para que, livres da culpa, estejamos também livres do ressentimento.

Todos: *Pai nosso, que estais no céu...*

Canto final

BLOCO 2

UM SER EM RELAÇÃO COM O OUTRO

6 CADA FAMÍLIA É ÚNICA

7 SER E TER AMIGOS

8 AMOR E RESPONSABILIDADE: SOMOS TEMPLOS DO ESPÍRITO SANTO

9 SER HONESTO VALE A PENA?

10 ENCONTRO CELEBRATIVO
QUAL É O MEU LUGAR NO PROJETO DE DEUS?

6

CADA FAMÍLIA É ÚNICA

Somos orientados por Deus para que, depois d'Ele, amemos aqueles que nos deram a vida e sejamos capazes de fazer o que nos pede: "Honra teu pai e tua mãe, para que vivas longos anos na terra que o Senhor teu Deus te dá" (Ex 20,12). Para isso, Deus nos dá a graça de termos pessoas que, com suas qualidades, defeitos e limitações, cuidam de nós e nos amam.

SE LIGA no catequista. Ele vai orientar a dinâmica.

✶ Agora é a sua vez de responder:

★ O que é família para você?

_____
_____
_____
_____
_____

CRESCER COM A PALAVRA

 A leitura bíblica nos fala da vida em família, por isso peçamos ao Senhor que abra nosso coração para acolher seu ensinamento.

 Eclo 3,1-16

Senhor, guia meu coração aos ensinamentos de tua Palavra.

1. O texto bíblico apresenta o papel dos filhos no relacionamento com os pais. Releia o texto e escreva o que entendeu.

O texto do encontro nos ajuda a refletir sobre a obediência dos filhos e o papel de cada pessoa nos relacionamentos familiares. Um aspecto fundamental nesse relacionamento é o amor, manifestado pelos pais na educação e no respeito que oferecem aos filhos. Por sua vez, os filhos manifestam o amor familiar no respeito e na obediência aos pais, ou àqueles que assumem a responsabilidade de cuidá-los e educá-los.

35

2. A partir da dinâmica que você participou, responda aos questionamentos:

a. O que você sentiu ao participar da dinâmica?

b. Como teria sido se todos tivessem ficado até o fim?

c. O que isso pode nos ensinar em relação à família?

CRESCER NA ORAÇÃO

Recorde sua família. Lembra que você escreveu o nome de seus familiares e colocou-os junto à imagem da Sagrada Família?

Neste momento, peça que eles sejam abençoados e que, por meio de sua oração, sejam fortalecidos.

CRESCER NO COMPROMISSO

✶ Que tal, durante a semana, escrever uma mensagem para sua família? Será uma maneira de você manifestar seu agradecimento pelos bens espirituais, morais e materiais que recebe dela.

"Quem honra seu pai expia pecados, quem respeita sua mãe é como se acumulasse tesouros." (Eclo 3,3-4)

7

SER E TER AMIGOS

O ser humano não foi criado para viver sozinho. Já no paraíso, Deus disse "não é bom que o ser humano esteja só" (Gn 2,18). Pessoas precisam de outras pessoas, e todas precisam de Deus, fonte de amor e de amizade. Sendo amigo de Jesus, cada um de nós encontra o caminho e o fundamento para uma amizade verdadeira que se concretiza no amor, na caridade, na entrega e na partilha, doando-nos gratuitamente por aqueles que fazem parte de nossa história.

Um amigo é sinal visível do amor de Deus por nós, pois o Senhor sabe o quanto é melhor caminhar em unidade. Em uma amizade, sabemos que amamos e somos amados como realmente somos, pois o amigo é aquele que conhece não apenas o melhor de nós, mas também o pior e ainda assim nos aceita. Nós nos alegramos com o amigo, ele se alegra conosco, e, se houver dor, choraremos juntos. Quem encontra um amigo, encontra um tesouro!

CRESCER COM A PALAVRA

Hoje vamos mergulhar na Palavra de Deus para aprender sobre um assunto que nos é muito precioso: amizade. Peçamos ao Senhor que nos envie o Espírito Santo com seus dons para que possamos viver seus ensinamentos.

Canto: *A nós descei, Divina Luz...*

Eclo 6,8-17

Senhor, guia meu coração aos ensinamentos de tua Palavra.

1. Agora reflita e anote.

a. Enquanto você lia e ouvia a Palavra de Deus, que amigo veio à sua mente?

b. Conhecemos muitas pessoas e convivemos com elas. Todas podem ser chamadas de AMIGO?

c. Por que tantas amizades se desfazem?

d. Releia o versículo 13 e explique o que ele quer dizer.

39

SE LIGA no texto e descubra os segredos de ser e ter um amigo.

Querido catequizando,

Enquanto rascunhava as ideias para escrever este encontro sobre amizade, eu perdi meu melhor amigo. Ele estava lutando contra o câncer, e eu sabia que seu estado de saúde era delicado, mas a notícia de sua morte arrebentou meu coração. Então resolvi falar dele para você.

A gente se conheceu numa noite em que eu devorava um x-salada gigante depois da faculdade, e isso foi há mais de 30 anos. Claro que não ficamos amigos do dia para a noite, amizades levam tempo para se firmarem. Logo nas nossas primeiras conversas, ele descobriu que eu era meio desligada das coisas de Deus e que não ia à Igreja. Foi o primeiro grande presente que ele me deu: reavivou minha fé. Com ele, voltei a participar da comunidade e nunca mais fiquei longe de Deus; e foi pelo convite dele que eu me tornei catequista. Posso dizer que foi como na canção: "Bons amigos que nasceram pela fé".

Meu amigo era o que se pode chamar de esquisitão, altão, barrigudão e feio. As roupas que ele usava eram no estilo "oito ou oitenta": ou estava todo de branco parecendo um médico, ou usava cores "muito discretas" – amarelo gema de ovo, roxo, vermelho, verde Palmeiras. Aliás, na sala, no quarto e na porta da geladeira dele todos os penduricalhos do Verdão ficavam expostos. Ele era um combo de manias: dizia que ar-condicionado dava dor de garganta, jogava paciência para pegar no sono, trancava-se no quarto com medo de chuva e, acredite, detestava tomar banho.

Para a gente começar uma discussão, bastava ele afirmar alguma coisa e eu dizer "Mas..." que logo vinha um "Mas o quê? Já vai começar a implicar?". É que, definitivamente, a gente não concordava em tudo. Só que ele era "supergente boa", e eu também, claro, por isso nossas brigas não carregavam rancores. Ele gostava muito de música e tinha gosto variado – modão, Roberto Carlos, sertanejo raiz, Roberto Carlos, música religiosa, Roberto Carlos, e gostava também de Roberto Carlos.

Todo mundo gostava de estar perto dele. Era bem-humorado, brincalhão, inteligente, conselheiro, e um baita incentivador. Enxergava os talentos das pessoas de longe. Trabalhava muito, mas não dispensava uma festa;

e nunca foi a uma sem levar amigo junto, porque amigo ele tinha bastante. Isso é legal porque a nossa rede de amizades cresce, e a gente fica amigo do amigo do amigo.

O que ele tinha de melhor era o imenso desapego. Era capaz de dar as coisas que mais gostava se alguém estivesse precisando. E quando a gente tinha algum problema, ele era como um irmão. Quando penso nele, sinto uma imensa alegria e gratidão por tê-lo tido como amigo. Gratidão por tudo o que ele partilhou comigo, pelo que me ensinou e pelas vezes que me corrigiu. Gratidão pelo tempo que passamos falando de Deus, cantando Deus, levando Deus a tantos lugares e a tantas pessoas. Gratidão por nossas intermináveis conversas, por nossas brigas, por nossas cantorias (tinha que ter Roberto Carlos), por ele me deixar ganhar no baralho de vez em quando. Gratidão por ele estar presente nos momentos mais difíceis e mais alegres.

Como falar de amizade sem falar de um amigo? Este é um dos tantos tesouros que Deus nos dá, e uma amizade que nasce em Deus só pode ser eterna.

A amizade é um relacionamento de afeto e carinho que deve receber cuidados todos os dias. Ela está alicerçada em valores que a tornam única e duradoura.

2. Com base no texto e nas experiências que você tem com seus amigos, faça uma pequena lista do que deve caracterizar uma amizade verdadeira.

3. Agora responda aos questionamentos que o catequista irá fazer sobre seu melhor amigo.

_____
_____
_____
_____
_____
_____
_____

4. Escreva uma mensagem para esse seu amigo dizendo o quanto ele é importante para você.

CRESCER NA ORAÇÃO

Em silêncio, faça sua oração pessoal a Deus, sem segredos, com sinceridade e confiança, pedindo a graça da sua amizade e que você nunca se esqueça de que Ele é seu melhor amigo. Agradeça também por seus amigos, que são imagem de Deus em suas vidas. Depois reze com seu grupo:

> **Todos:** *Seja louvado, Senhor Jesus, pela amizade que nos une a tantos amigos e amigas. Abençoe os que nos enchem o coração de afeto, nos aceitam e nos olham com respeito.*
>
> *Pai nosso...*

CRESCER NO COMPROMISSO

Se você ficasse um dia sem receber um recado sequer dos seus amigos, como se sentiria? Quanto tempo você tem dedicado às suas amizades?

✶ Como compromisso da semana, estabeleça um horário em sua rotina diária para mandar uma mensagem religiosa aos seus melhores amigos falando o quanto Deus os ama.

"Amigo fiel é refúgio seguro: quem o encontra, encontra um tesouro."
(Eclo 6,14)

8

AMOR E RESPONSABILIDADE: SOMOS TEMPLOS DO ESPÍRITO SANTO

A fé cristã nos revela um Deus amoroso que vive em um mistério de comunhão pessoal de amor. Ao criar a humanidade à sua imagem e semelhança, Deus inscreveu nela a *vocação* para o amor e para a comunhão, dando-lhe a capacidade e a responsabilidade correspondentes a tal vocação. O Catecismo nos convida a refletir sobre nossa sexualidade, compreendendo-a como um presente especial de Deus para a humanidade. A sexualidade, nesse sentido, "é uma força que permeia toda a vida humana, como um componente fundamental da personalidade, um modo de ser, de se manifestar, de comunicar com os outros, de sentir, de expressar e de viver o amor humano" (cf. CONSELHO PONTÍFICIO PARA A FAMÍLIA, 1995, n. 10-11).

Ainda que a sociedade atual levante a bandeira da "liberdade" e do "tenho o direito de fazer o que quero com meu corpo", a Igreja entende que a sexualidade humana só encontra expressão e sentido se vivida com consciência e responsabilidade.

CRESCER COM A PALAVRA

Na leitura bíblica, Paulo exorta aos Coríntios a perceberem as belezas do corpo humano e compreendê-lo como templo do Espírito Santo, por isso devendo ser cuidado e respeitado.

 1Cor 6,12-14.19-20

Senhor, guia meu coração aos ensinamentos de tua Palavra.

Após a leitura do texto, reze com seu grupo.

> *Senhor Deus, que me criaste com tanto cuidado e carinho, guiai-me na vivência do verdadeiro amor para que eu possa ser uma testemunha viva da lealdade, da pureza, da castidade, da fidelidade e do compromisso diante do outro.*

1. Escolha um versículo que lhe chamou atenção e registre.

A sexualidade é uma força que Deus nos deu para que sejamos felizes. Pouco a pouco, vamos crescendo e nosso corpo muda. Essa dimensão nos orienta para o amor profundo, para a intimidade com uma pessoa que seja especial para nós! Por isso o namoro é um momento importante da vida, para conhecer e vir a assumir o compromisso de viver com alguém a experiência intensa do amor.

À sexualidade bem vivida chamamos de castidade. Casto não é quem simplesmente não faz sexo, e sim quem vive com equilíbrio e liberdade sua sexualidade.

Com um forte apelo de exercício da liberdade, as pessoas têm confundido os valores que dizem respeito à sexualidade, de modo que colocam o sexo como necessidade vital e o prazer físico acima do respeito ao outro. Não é sem razão que vemos as mídias divulgando situações e apresentando propostas que ferem a dignidade do ser humano e validam os contravalores.

A erotização da mulher ainda é reforço de um comportamento machista que atinge crianças, adolescentes, jovens e adultos. Este comportamento torna o corpo feminino objeto de prazer egoísta. Embora muito se enfatize a questão do prazer, não podemos esquecer que todo ato sexual deve ser consciente da função reprodutiva, por isso é necessário refletir: "Estou apto para assumir a paternidade ou a maternidade?".

Para a Igreja, o sexo antes do matrimônio é proibido. Isso se deve à compreensão de que o momento de intimidade de um casal está estritamente relacionado ao compromisso que nasce do amor entre duas pessoas. Todo contato íntimo fora desse compromisso é movido pelo egoísmo e o desejo de ter o que não convém.

SE LIGA no catequista. Ele vai ajudá-lo a refletir melhor!

2. Você recebeu uma orientação do catequista. Transcreva aqui o que você anotou na tarja de papel.

Atitude positiva

Atitude negativa

CRESCER NA ORAÇÃO

✶ Vamos reler o texto bíblico do encontro: 1Cor 6,12-14.19-20. Esse texto nos ajuda a refletir sobre a necessidade de pedir perdão e de se comprometer com a beleza da vida que Deus nos deu. Agora, conforme a orientação do catequista, utilize o texto das atitudes, positivas e negativas, que você escreveu na atividade 2 para rezar.

- **Pedido de perdão:** Cada catequizando vai ler, em voz alta, a atitude negativa que escreveu e colocar ao lado da frase "Tudo posso!". Após cada leitura, todos rezam: *Senhor, perdoai-nos por não perceber a beleza do presente que somos.*
- **Pedido de ajuda:** Cada catequizando vai ler, em voz alta, a atitude positiva que escreveu e colocar ao lado da frase "Mas nem tudo me convém!". Após cada leitura, todos rezam: *Senhor, ajudai-nos a viver a verdadeira liberdade.*
- Rezemos, de mãos dadas, a oração do Pai-nosso.

CRESCER NO COMPROMISSO

- Em casa, durante a semana, reze o Salmo 138(139). Reflita, então, sobre como você pode, em sua vida, viver de acordo com a beleza dos dons que recebeu. Depois anote nas ilustrações, respectivamente, as atitudes que precisa renunciar e as que precisa cultivar.

"Tudo me é permitido, mas nem tudo me convém." (1Cor 12)

9

SER HONESTO VALE A PENA?

A Bíblia nos diz que o amor excessivo ao dinheiro e a falta da verdade causam muitas dores, fazendo-nos cair na tentação de desconsiderar o direito das pessoas de viverem com dignidade. Esse modo de agir considera o ser humano uma mercadoria e incentiva o consumo desmedido em nome do lucro, propagando o engano e a mentira. Por esta razão, Deus nos capacita para o discernimento, convidando-nos a dizer a verdade e promover a justiça entre as pessoas.

CRESCER COM A PALAVRA

 Silencie e reze, em sua Bíblia, o Salmo 1.

Reúnam-se em grupos, seguindo a orientação do catequista, e realizem a leitura dos textos indicados.

 Am 8,4-8 | Sl 1

Senhor, guia meu coração aos ensinamentos de tua Palavra.

49

⏻ **SE LIGA** no catequista, pois ele vai orientar a atividade.

1. Agora que você refletiu sobre os textos bíblicos do encontro, complete os caminhos em seu livro!

Caminho do mal Caminho do bem

CRESCER NA ORAÇÃO

✱ Releia o texto de Amós 8,4-8 e reflita sobre uma atitude desonesta que o afastou ou afasta do bem. Depois escreva essa atitude na tarja que seu catequista irá lhe entregar, para ser queimada.

✶ Elabore uma oração pedindo a Deus que o ajude a ser perseverante no caminho do bem.

_____
_____
_____
_____
_____
_____

CRESCER NO COMPROMISSO

✶ Com base no Salmo 1 e na ajuda do catequista, escreva um compromisso sobre a honestidade, inspirado no texto. Durante a semana, retome o que você escreveu e analise se está conseguindo cumprir.

⭐ **Compromisso**

"Feliz aquele que não anda em companhia dos ímpios (...), mas na lei do Senhor se compraz." (Sl 1,1-2)

10

Encontro celebrativo
QUAL É O MEU LUGAR NO PROJETO DE DEUS?

ACOLHIDA

Animador: Queridos catequizandos, todos somos chamados a evangelizar, a lançar no terreno dos corações as sementes do Reino de Deus, o Reino da verdade, da paz, da justiça e do amor. Lançar as sementes do Reino significa aderir a um projeto de vida novo, no qual o amor de Cristo é tudo em todos.

Canto

Dirigente: Iniciemos nossa celebração invocando a Trindade Santa.

Todos: Em nome do Pai e do Filho e do Espírito Santo. Amém.

Animador: Com a graça de Deus, nos encontramos hoje para celebrar a vida em todos os seus aspectos. A vida que vibra no jovem, a vida que está calma no ancião, a vida que ainda se desenvolve na criança e a vida que está adormecida na semente.

Dirigente: Peçamos ao Espírito Santo seus dons para que possamos acolher a Palavra em nossos corações e fazê-la frutificar.

Canto

Animador: A semente possui uma característica interessante: para se transformar em planta, ela precisa morrer. É assim também com os que desejam viver em Deus. O que é triste, amargo e maligno deve morrer em nós para que a planta do amor nasça no coração. Vamos olhar para nosso agir e ver o que podemos deixar morrer em nós para ver a vida nascer.

Leitor 1: Senhor, no aconchegante terreno que é o nosso lar às vezes somos pouco compreensivos com nossos familiares, justamente aqueles que mais nos amam, e agimos grosseiramente com eles. Dá-nos, Senhor, sementes de gentileza para plantarmos em nossas famílias.

Todos: Perdoa nossa dureza de coração e dá-nos sementes de gentileza, Senhor.

Leitor 2: Senhor, no alegre terreno da amizade, por vezes negligenciamos a parceria, o companheirismo e a partilha que recebemos de nossos amigos, e não nos esforçamos em cultivar nossas amizades com ternura.

Todos: Perdoa a indiferença do nosso coração e dá-nos sementes de ternura, Senhor.

Leitor 1: Senhor, nosso Deus, nem sempre compreendemos as paixões desordenadas que habitam nosso ser, então nos magoamos e vos ofendemos desrespeitando nossa dignidade de pessoas.

Todos: Perdoa nossa fraqueza de coração e dá-nos sementes de retidão, Senhor.

Leitor 2: Senhor, quantas vezes falhamos em ser honestos e nos vangloriamos de enganar os outros quando somos nós os mais ludibriados.

Todos: Perdoa nossa falta de caráter e dá-nos sementes de honestidade, Senhor.

Dirigente: Peçamos perdão pelas sementes que perdemos pelo caminho, pelos cuidados que negamos à planta da nossa vida e pelo descaso com a vida dos nossos irmãos.

Canto

PROCLAMAÇÃO DA PALAVRA

Dirigente: Vamos acolher a boa semente que é a Palavra de Deus em nossa vida.

Canto de aclamação

Leitor: Vamos ouvir o Evangelho de Jesus Cristo segundo Lucas 13,1-9.

Animador: Parábolas são pequenas comparações que ajudam a explicar melhor os aspectos da nossa vida. A semente contém em si a vida que precisa ser desenvolvida, mas necessita de condições adequadas para isso. Vamos refletir sobre essas condições.

Dirigente: O semeador nos mostra que o ser humano, através de seu trabalho, é colaborador de Deus no cuidado da criação para que seja cada vez mais voltada para o amor e a justiça. Depois de fazer o seu trabalho, o semeador espera a colheita, que depende da combinação entre solo e a semente.

Todos: O semeador saiu a semear, também nós somos chamados a lançar as sementes da Palavra.

Animador: Jesus Cristo foi semeador do amor no mundo e conta com a colaboração de jovens semeadores como vocês, para que mais pessoas colham os frutos desse amor. Ele espalhou as sementes, mas a resistência de pessoas e estruturas injustas ainda impedem que todas as sementes germinem.

Todos: Jesus nos convida a lançar as sementes do seu Evangelho, que elas frutifiquem abundantemente.

Dirigente: O semeador sabe que haverá colheita, mas está certo de que é Deus quem faz a semente germinar. A melhor forma de semear as sementes do Reino é através do testemunho de quem acolheu as palavras do Evangelho no coração e agora espalha a sua mensagem, como quem espalha as sementes, para que outros possam também acolhê-las.

Todos: Nossa missão é semear testemunhando a mensagem do Evangelho.

ORAÇÃO FINAL

Todos: *Senhor, dá-me a graça de ser semeador do teu Reino e fazer frutificar as sementes de justiça, de paz, de mansidão, de misericórdia, de pureza, de consolo e simplicidade.*

Dá-me a graça de ocupar meu lugar de discípulo missionário na comunidade, levando meu testemunho e tua Palavra sempre a todos os lugares por onde passar. Amém.

BÊNÇÃO

Dirigente: O Senhor te abençoe e te guarde.

Todos: Amém.

Dirigente: O Senhor faça resplandecer o seu rosto sobre ti e te conceda a graça.

Todos: Amém.

Dirigente: O Senhor volte para ti o seu rosto e te dê a paz.

Todos: Amém.

Dirigente: Vocês receberão algumas sementes para que plantem e cuidem lembrando que a vida necessita de cuidados.

Canto

BLOCO 3

UM SER EM RELAÇÃO COM O MUNDO

11 EM DEFESA DA CRIAÇÃO

12 EM DEFESA DA VIDA

13 SOMOS CONSTRUTORES DA PAZ

14 NOSSO "SIM" A UM VIVER DIFERENTE

15 **ENCONTRO CELEBRATIVO**
EU VIM PARA QUE TENHAM VIDA

11

EM DEFESA DA CRIAÇÃO

Existe uma ligação entre toda espécie de vida e a sua fonte, o Deus Criador. Nessa ligação, que chamamos de aliança, o primeiro passo foi dado por Deus ao criar tudo com perfeição, beleza e harmonia, fazendo do ser humano o centro da criação. A relação que Deus propôs na criação é de amor recíproco, como uma parceria; é uma promessa de vida plena e esperança de felicidade para toda a humanidade. Seu desejo é de que vivamos integrados às demais criaturas. Em razão disso, nossa resposta a Deus deve ser norteada pela vivência do respeito e do amor ao mundo criado, praticando o bem e a justiça em nossas relações diárias.

CRESCER COM A PALAVRA

As narrações da criação no livro do Gênesis contêm, na sua linguagem simbólica e narrativa, ensinamentos profundos sobre a existência humana e sua realidade histórica. (LS, n. 66)

Acompanhe, em sua Bíblia, a leitura do texto.

 Gn 2,4b-25

Tu és meu abrigo e meu escudo: espero em tua Palavra (Sl 119,114).

1. No texto é possível encontrar um passo a passo da criação. Releia os versículos indicados e descreva a ação realizada em cada um deles.

   Gn 2,7

   Gn 2,8

   Gn 2,9

   Gn 2,15

   Gn 2,19

   Gn 2,22

   Gn 2,23

SE LIGA no catequista.

Humanidade e natureza estão em relação de dependência e ajuda mútuas. Ao colocar o ser humano no jardim para dele cuidar, Deus nos convida a colaborar com sua obra e nos cuidarmos com respeito e atenção, pois nossa origem é uma só: a vontade amorosa d'Ele.

2. Registre o que significa, para você, dizer que Deus nos chama para colaborar com seu plano e cuidar de sua obra.

CRESCER NO COMPROMISSO

Nosso planeta é lugar de vida em abundância, o que Deus quer para toda criatura. Assim, como seres especiais diante d'Ele, devemos assumir a missão de promover a vida, ou seja, de colaborar com seu plano de amor e cuidado com a natureza.

✸ Escolha uma ação que possa realizar para colaborar com o plano de amor do Criador, seja no cuidado com a natureza, seja na atenção aos irmãos mais necessitados.

CRESCER NA ORAÇÃO

A harmonia entre o Criador, a humanidade e toda a criação foi destruída por termos pretendido ocupar o lugar de Deus, recusando reconhecer-nos como criaturas limitadas (...) Por isso é significativo que a harmonia vivida por São Francisco de Assis com todas as criaturas tenha sido interpretada como uma cura daquela ruptura. (LS, n. 66)

Rezemos com alegria e fé o *Cântico das Criaturas*, de São Francisco de Assis:

"Louvado sejas, meu Senhor, com todas as tuas criaturas, especialmente o meu senhor irmão sol, o qual faz o dia e por ele nos alumia. E ele é belo e radiante com grande esplendor: de ti, Altíssimo, nos dá ele a imagem.

Louvado sejas, meu Senhor, pela irmã lua e pelas estrelas, que no céu formaste claras, preciosas e belas.

Louvado sejas, meu Senhor, pelo irmão vento, pelo ar, pela nuvem, pelo sereno, e todo o tempo, com o qual, às tuas criaturas, dás o sustento.

Louvado sejas, meu Senhor, pela irmã água, que é tão útil e humilde, e preciosa e casta.

Louvado sejas, meu Senhor, pelo irmão fogo, pelo qual iluminas a noite: ele é belo e alegre, vigoroso e forte."

"O Senhor Deus tomou o ser humano e o colocou no jardim de Éden, para que o cultivasse e guardasse." (Gn 2,15)

12

EM DEFESA DA VIDA

A vida é dom de Deus e ninguém tem o direito de tirá-la, tampouco de gerar sofrimento e amargura ao outro. No entanto percebemos que muita gente é assassinada ou morre por aborto, eutanásia, acidentes de trânsito ocasionados por uso de drogas, entre tantas outras formas de violência.

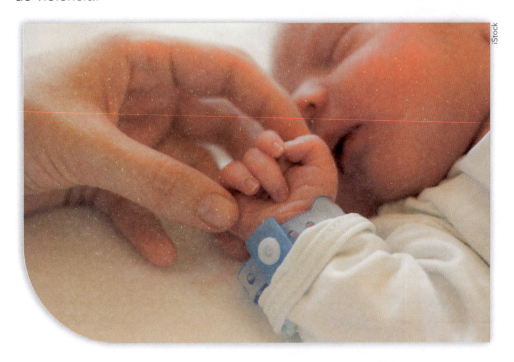

É preciso exercitar-se na valorização da vida em todos os seus aspectos, bem como na atenção às pequenas coisas diárias que nos alegram, buscando a paz interior e a espiritualidade. O conhecimento do sentido único da nossa vida nos faz cuidar dela. Precisamos sair em defesa da vida!

CRESCER COM A PALAVRA

 Jesus nos convoca a um compromisso profundo com a defesa da vida e nos exorta a estarmos atentos às razões que movem as nossas ações.

 Mt 5,21-26

Tu és meu abrigo e meu escudo: espero em tua Palavra (Sl 119,114).

1. A lei de Deus entregue a Moisés era bastante simples e clara: "Não matarás!". No Sermão da Montanha, Jesus reafirma essa lei, mas acrescenta outras orientações a ela.

a. Que orientações são essas?

_____
_____
_____

b. O que essas orientações representam na lei?

_____
_____
_____

c. O que Jesus recomenda para evitar atentados contra a vida do próximo?

_____
_____
_____

d. Qual a pena prevista na época para todos esses pecados apresentados no texto?

_____
_____
_____
_____
_____

63

⏻ **SE LIGA** no catequista. Ele irá propor uma dinâmica.

2. Depois de realizar a dinâmica, na qual analisamos os principais tipos de morte em nossa sociedade, suas causas e consequências, bem como as possíveis ações de promoção da vida, registre aqui uma síntese do que é importante se lembrar sobre isso.

   Todo cristão católico deve ter em mente que seguir uma religião é aceitar e respeitar sua doutrina, guiando-se pelas orientações de sua Igreja. A fé não pode ser praticada em partes, é preciso coerência ao expressá-la. Quando Jesus fala em vida, Ele não exclui ninguém: "Eu vim para que TODOS tenham vida".

Não é possível defender uma vida e excluir outra. Não é possível ser contra o aborto, mas ser a favor da pena de morte. Não é possível ser contra assassinatos e achar que a vida de pessoas doentes pode ser interrompida. Não é possível que se cometa um ato violento para justificar outro ato violento. Não é possível que se aceite a morte para defender a vida.

CRESCER NO COMPROMISSO

✷ Combine com o grupo uma campanha de valorização da vida para ser realizada durante alguns dias, através das redes sociais de vocês. Escreva e encaminhe mensagens a outros jovens, alertando-os sobre o valor que a vida de cada pessoa tem, de modo que merece respeito e cuidado.

CRESCER NA ORAÇÃO

Como vimos, o nosso Deus é o único Mestre da vida, do começo ao final dela. E nós, cristãos católicos, não podemos nos conformar com a morte violenta de tantos irmãos.

Peçamos ao Deus de misericórdia que fortaleça os defensores da vida e conforte, proteja e acolha as vítimas de qualquer tipo de violência. Para esse momento de oração, siga as orientações do catequista.

"Escolhe, pois, a vida para que vivas com tua descendência, amando o Senhor teu Deus, escutando tua voz e apegando-te a Ele." (Dt 30,19-20)

13

SOMOS CONSTRUTORES DA PAZ

De acordo com as imagens, podemos perceber que as guerras não acontecem como num jogo de videogame, com soldados bem armados em suas batalhas. Elas nos mostram civis entre os escombros e a grande multidão de refugiados que deixa seus lares para sobreviver. A guerra mata, fere, separa e extermina pessoas, além de propagar o ódio.

A paz aproxima, consola, cura, anima, incentiva, gera vida e promove o bem. A paz vem do coração de Deus para o coração da humanidade; é fruto do Espírito de Deus. Cabe a cada um abrir espaço para que ela se instale e produza frutos.

CRESCER COM A PALAVRA

 Leia o texto primeiramente em silêncio. Depois procure ouvir com atenção a leitura que o catequista irá fazer.

 1Pd 3,8-16

meu abrigo e meu escudo: espero em tua Palavra (Sl 119,114).

1. De acordo com o texto, responda aos seguintes questionamentos:

a. O que é pedido aos cristãos?

___

b. Que conselho é dado para os que amam a vida?

___

c. Para quem Deus olha com carinho?

___

d. O que Pedro quis dizer com a expressão apresentada no versículo 15: "Santificar o Senhor Jesus no coração"?

___

e. Diante da perseguição, o que recomenda Pedro aos cristãos e a nós também?

___

SE LIGA no catequista. Ele vai orientar você na atividade.

2. Observe o que os grupos fizeram e relembre o que conversaram. Depois faça um balanço das situações que se tornam "guerras" que acontecem com você e registre nos espaços correspondentes.

Meus motivos	Consequências para o meu viver	Como resolver minhas guerras

3. Escreva uma oração pessoal pedindo que Deus ajude você a resolver suas guerras interiores.

CRESCER NO COMPROMISSO

A cena emblemática da Praça de São Pedro vazia, onde o Papa Francisco, solitário, está em oração aos pés da cruz, foi registrada no dia 27 de março de 2020, durante a celebração com a bênção *Urbi et Orbi*, concedida de forma extraordinária por ocasião da pandemia da Covid-19. A maioria dos países encontrava-se sob decretos de isolamento social para o controle do vírus.

> *Urbi et Orbi* significa "à cidade (Roma) e ao mundo". É uma bênção concedida pelos Papas por ocasião do Natal, da Páscoa e da eleição de um novo Papa. É uma bênção solene que concede aos fiéis a remissão das penas dos pecados perdoados.

Em sua reflexão, o Papa disse que a pandemia, por algum tempo, nos mostrou que somos globais e que navegamos "todos no mesmo barco" pelo mundo. Disse também que a tempestade da pandemia mostrou nossa fragilidade e insegurança, e de que nada serviam as certezas que tínhamos a respeito das coisas. Na solidão de uma tarde chuvosa, o Papa lembrou ao mundo de que somos irmãos e precisamos uns dos outros.

Embora em um momento de tribulação, a celebração presidida pelo Papa trouxe-nos paz interior, que é a sensação de tranquilidade que vem de uma vida com Deus. Essa paz afasta a ansiedade, o medo e as incertezas diante dos desafios. Quem ama a Deus não precisa temer, porque sabe que Ele está no controle.

Buscar a paz e propagá-la é missão do cristão, por isso exige comprometimento. Durante a semana, reserve cinco minutos do seu dia para silenciar ou ouvir uma música suave que ajude você a descansar. Comprometa-se a:

- Ouvir os outros e compreender suas angústias.
- Pensar antes de responder a uma agressão.
- Usar palavras suaves.
- Ajudar quem necessita.
- Caminhar junto com toda a humanidade.

✶ Agora faça uma lista do que você pode realizar diariamente para exercitar a paz.

CRESCER NA ORAÇÃO

A oração que vamos fazer está no final da carta encíclica *Fratelli Tutti*, do Papa Francisco, publicada em 03 de outubro de 2020.

Oração ao Criador

Senhor e Pai da humanidade,
que criastes todos os seres humanos com a mesma dignidade,
infundi nos nossos corações um espírito fraterno.
Inspirai-nos o sonho de um novo encontro, de diálogo, de justiça e de paz.
Estimulai-nos a criar sociedades mais sadias e um mundo mais digno, sem fome, sem pobreza, sem violência, sem guerras.

Que o nosso coração se abra a todos os povos e nações da Terra, para reconhecer o bem e a beleza que semeastes em cada um deles, para estabelecer laços de unidade, de projetos comuns, de esperanças compartilhadas. Amém.

Glória ao Pai, ao Filho e ao Espírito Santo, como era no princípio, agora e sempre. Amém.

"Fuja do mal e pratique o bem, procure a paz e a siga." (1Pd 3,11)

14

NOSSO "SIM" A UM VIVER DIFERENTE

Expressar o que pensamos, assim como o que e de quem gostamos, é quase a nova ordem mundial das mídias. Mesmo se a gente não pensar muito nem ter uma opinião formada, quando escolhemos "curtir", "seguir" ou compartilhar situações e pessoas, expomos facilmente por onde caminham nossos desejos, sonhos e modelos.

Apesar de toda a tecnologia, ainda costumamos dizer: "Queria ser como fulano", "Quando eu crescer, vou ser famoso como sicrano", "Quando eu for independente, vou fazer tudo o que quiser como meus pais". Temos sempre um modelo que nos inspira, desde famosos, pais e professores até catequistas e amigos. Entretanto, como cristãos, enquanto existirmos neste mundo, precisamos lembrar que nossa felicidade depende, em primeiro lugar, de sermos como Jesus Cristo, nosso melhor modelo e inspiração.

CRESCER COM A PALAVRA

 Paulo, que é um grande seguidor de Jesus, quando estava preso por proclamar sua fé em Cristo, escreve à comunidade dos Filipenses. Vamos acompanhar a leitura do texto.

 Fl 2,1-11

meu abrigo e meu escudo: espero em tua Palavra (Sl 119,114).

1. Com base na leitura bíblica, responda aos seguintes questionamentos:

   a. Como essa comunidade deveria agir para alegrar Paulo?

   b. "Tende em vós os mesmos sentimentos de Cristo Jesus". Quais sentimentos marcam Jesus como modelo a ser seguido?

   c. O que nos diz o hino a partir do versículo 5?

   d. Você tem buscado agir em prol de todos ou só defende seus interesses?

🟠 **SE LIGA** no catequista. Ele vai orientá-lo na dinâmica.

2. Crie um perfil de Jesus para as redes sociais destacando informações que façam Ele ter milhões de seguidores. Peça ajuda aos colegas e ao catequista para isso.

Foto	Nome

Sobre

1. Trabalho
2. Locais onde morou
3. Locais que frequentou
4. Informações de contato
5. Onde e como encontrá-lo
6. Família e relacionamentos
7. Membros da família
8. Amigos
9. Detalhes sobre ele
10. Acontecimentos

1.

2.

3.

4.

5.

6.

7.

8.

9.

10.

CRESCER NA ORAÇÃO

Como oração, façamos juntos a leitura do hino em Fl 2,5-11. Lembre-se de rezá-la em casa também durante a semana.

CRESCER NO COMPROMISSO

* Seu compromisso nesta semana é dar uma olhada em suas redes sociais para verificar se as personalidades que você segue são exemplos cristãos. Verifique também se nas suas preferências estão páginas religiosas, de estudos bíblicos ou canais de evangelização. Este compromisso deve ser vivido sob a supervisão de seus pais ou responsáveis, seguindo as regras da família sobre o uso das redes sociais. Aproveite e se inscreva no *site*, ou canal, da sua paróquia ou diocese, para estar cada dia mais conformado a Cristo e aos valores do seu Evangelho.

"Para que ao nome de Jesus se dobre todo joelho de quantos há no céu, na terra, nos abismos, e toda língua proclame, para a glória de Deus Pai, que Jesus Cristo é o Senhor." (Fl 2,10s)

Lembrete

Para o Encontro Celebrativo, traga fotos suas e/ou de pessoas (familiares, amigos...) que marcaram sua vida positivamente. Elas serão usadas em uma dinâmica e devolvidas ao final do encontro.

15

Encontro celebrativo
EU VIM PARA QUE TENHAM VIDA

ACOLHIDA

Canto

Catequista: Amados e amadas de Deus, hoje nós estamos reunidos para agradecer e louvar ao Senhor pela vida que, generosamente, brotou de suas mãos. Iniciemos esta celebração invocando a Santíssima Trindade: em nome do Pai e do Filho e do Espírito Santo.

Todos: Amém.

Catequista: Peçamos as luzes do Espírito Santo para celebrarmos este momento, rezando:

Todos: *Vinde, Espírito Santo, enchei os corações dos vossos fiéis...*

Catequista: "Os céus narram a glória de Deus, e o firmamento proclama as obras de Suas mãos" (Sl 19,2).

Todos: Em tudo seja louvado o nome do Senhor.

ATO PENITENCIAL

Catequista: Por causa do pecado, nossa vida é limitada, mas Jesus veio oferecer a vida eterna a todo aquele que n'Ele crer.

Leitor 1: Deus criou o mundo com perfeição e harmonia, e o entregou a nós para nele vivermos e dele cuidarmos, mas a ganância e o egoísmo nos afastam da missão de colaboradores de Deus em defesa da criação e da vida.

Todos: *Perdoe-nos, Senhor, por não cuidarmos da criação.*

Leitor 2: Deus criou o ser humano à sua imagem e semelhança, enchendo-o de amor e desejando sua felicidade plena. A vida é o maior presente que Deus nos deu. Cuidar da vida de cada pessoa e da nossa própria é um compromisso que devemos assumir todos os dias por amor a Deus.

Todos: *Perdoe-nos, Senhor, por não cuidarmos da vida humana!*

Leitor 1: Deus é o Senhor da paz. Ele quer que tenhamos paz e sejamos promotores dela em todos os lugares por onde formos, mas por vezes somos semeadores da discórdia e não nos importamos com a dor dos irmãos que sofrem.

Todos: *Perdoe-nos, Senhor, por não promovermos a paz no mundo.*

Leitor 2: Vivemos um tempo em que muitos cristãos fogem daquilo que a Igreja ensina através do Sagrado Magistério, da Tradição e das Escrituras, escolhendo viver os valores do mundo e se esquecendo dos valores do Reino.

Todos: *Perdoe-nos, Senhor, pelas vezes que nos esquecemos de seguir seus ensinamentos!*

Catequista: Oremos.

Todos: *Tende compaixão de nós, Senhor, por nossas limitações. Voltai a nós vossa misericórdia e dai-nos seu perdão, que nos renova e nos anima a viver.*

EXORTAÇÃO AO LOUVOR DE DEUS – SALMO 95(94)

Todos: *Vinde! Cantemos com júbilo ao Senhor, aclamemos a rocha que nos salva!*

Vamos à sua presença com ação de graças, aclamemo-lo com hinos de louvor!

Pois o Senhor é um grande Deus, um grande rei acima de todos os deuses.

Em sua mão estão as profundezas da terra; os cumes dos montes lhe pertencem.

Dele é o mar, foi Ele quem o fez, e a terra firme, que suas mãos formaram. Vinde!

Vamos inclinar-nos e prostrar-nos, fiquemos de joelhos diante do Senhor que nos fez!

Porque Ele é o nosso Deus, nós somos o povo de seu pastoreio, as ovelhas conduzidas por sua mão.

Canto

PROCLAMAÇÃO DA PALAVRA

Leitor: Vamos ouvir o Evangelho segundo São João 10,1-11.

REFLEXÃO SOBRE A PALAVRA

PRECES

Catequista: O Bom Pastor, Jesus, nos conhece profundamente porque somos suas ovelhas. Seu maior desejo é que tenhamos vida, e vida em abundância. Isso só é possível se ouvirmos a voz d'Ele, se seguirmos o caminho certo e passarmos pela porta estreita que é o próprio Jesus.

Todos: *Jesus, Bom Pastor, queremos ouvir sua voz e trilhar o bom caminho!*

Leitor 1: Deus criou e ordenou a vida com sabedoria, agora chama o ser humano a uma relação de intimidade com Ele. Originados na bondade divina, somos participantes dessa bondade, pois a criação desejada por Deus é como dom dirigido à humanidade (cf. CIgC, n. 299).

Todos: *Jesus, Bom Pastor, faz de nós espelhos da bondade de Deus e defensores da vida!*

Leitor 2: A humanidade é chamada "a uma plenitude de vida que se estende muito para além das dimensões da sua existência terrena, porque consiste na participação da própria vida de Deus" (EV, n. 2).

Todos: Jesus, Bom Pastor, que pela escuta da sua voz e seguindo seus ensinamentos possamos ter vida, e vida em abundância!

ORAÇÃO FINAL

Hino ao Deus Criador – Salmo 104(103),1.31-35

Bendize, ó minha alma, o Senhor! Senhor, meu Deus, como és grande! Tu te vestes de esplendor e majestade! Está envolto em luz como num manto.

Que a glória do Senhor dure para sempre! Alegre-se o Senhor por suas obras!

Ele olha para a terra e ela treme; Ele toca as montanhas e elas fumegam.

Cantarei ao Senhor enquanto eu viver; cantarei louvores ao meu Deus enquanto eu existir.

Que minha meditação lhe seja agradável, e eu me alegrarei no Senhor. Que os pecadores desapareçam da terra e os ímpios deixem de existir! Bendize, ó minha alma, o Senhor! Aleluia!

BÊNÇÃO

Dirigente: O Senhor de abençoe e te guarde.

Todos: Amém.

Dirigente: O Senhor faça resplandecer o seu rosto sobre ti e te conceda graça.

Todos: Amém.

Dirigente: O Senhor volte para ti o seu rosto e te dê paz.

Todos: Amém.

Canto

BLOCO 4

UM SER EM RELAÇÃO COM A COMUNIDADE

16 MISSÃO DO CRISTÃO: OUVIR E PRATICAR O EVANGELHO

17 O ESPÍRITO SANTO NA VIDA DO CRISTÃO

18 VIDA NOVA EM CRISTO

19 COMO SER JOVEM NA COMUNIDADE

CELEBRAÇÃO COMUNITÁRIA
ENTREGA DA CRUZ

16

MISSÃO DO CRISTÃO: OUVIR E PRATICAR O EVANGELHO

Assumir a missão de batizados e crismados nem sempre é tarefa fácil. Ser anunciador de Jesus e aderir à causa d'Ele requer aceitar a sua cruz, ou seja, viver em profundidade a fé e suas consequências. A cruz, símbolo da aceitação do seguimento a Jesus, deve ser compreendida como salvação, libertação, renovação da vida, e não como castigo, rejeição e sofrimento.

Faz parte da missão do cristão anunciar com alegria o Evangelho para todas as pessoas e em todos os ambientes. Isto é ser missionário: realizar esse anúncio onde estivermos e com quem nos encontrarmos.

★ O catequista lhe propôs um momento de oração, então vamos encerrar rezando:

Esperamos que possamos ser grãos de trigo e instrumentos para a salvação da humanidade, seguindo o exemplo dos mártires. Embora nossa fé seja tão pequena quanto uma semente de mostarda, Deus lhe dará crescimento e a utilizará como instrumento para a sua obra de salvação. (ChV, n. 178)

CRESCER COM A PALAVRA

 Tiago, em sua carta, nos ajuda a compreender quais atitudes devemos ter para nos tornarmos praticantes da Palavra de Deus. Acompanhemos a leitura.

 Tg 1,19-27

onde eu for, que eu testemunhe tua Palavra, Senhor.

1. Complete o quadro descrevendo as lições que o texto bíblico apresenta. Depois explique como aplicar essas lições no dia a dia, na convivência com as pessoas.

Lições bíblicas – Tg 1,19-27

Lições	Como vivê-las?
1ª lição: 1,19	
2ª lição: 1,21	
3ª lição: 1,22-25	
4ª lição: 1,26-27	

2. Converse com seus colegas e catequista sobre:

   a. Quais são as facilidades e dificuldades em ouvir e falar, sem se irritar?

   b. Que maldades identificam em sua convivência com os amigos, a família, a sociedade?

   c. Meditar é algo fácil de se realizar? Por quê?

d. Cumprir os ensinamentos da Palavra exige o quê?

CRESCER NO COMPROMISSO

Amigos, não esperem o amanhã para colaborar na transformação do mundo com sua energia, sua audácia e sua criatividade. A vida de vocês não é um "enquanto isso". Vocês são o agora de Deus, que os quer fecundos. Porque é dando que se recebe, e a melhor maneira de preparar um bom futuro é viver o presente com entrega e generosidade.
(ChV, n. 178)

✶ O que as palavras do Papa Francisco despertam em seu coração? Registre no quadro uma atitude que pode ajudar você em seu seguimento a Jesus Cristo.

CRESCER NA ORAÇÃO

✶ Neste encontro refletimos sobre a importância de ouvir e praticar a mensagem do Evangelho, o que envolve seguir a Cristo e abraçar sua cruz. Escreva uma atitude que representa a disposição para seguir Jesus.

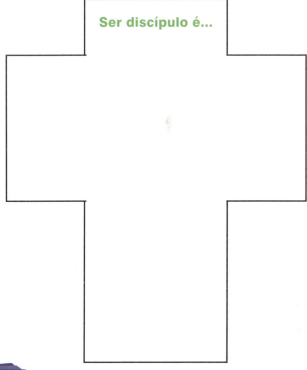

Ser discípulo é...

"A religião pura e imaculada diante de Deus e Pai é esta: assistir os órfãos e as viúvas em suas aflições e conservar-se sem mancha neste mundo." (Tg 1,27)

Lembrete

Para o próximo encontro, faça uma pesquisa sobre as seguintes pessoas:

- **Carlo Acutis:** jovem italiano beatificado em 2020.
- **Santa Dulce dos Pobres:** primeira santa brasileira, canonizada em 2019.

17

O ESPÍRITO SANTO NA VIDA DO CRISTÃO

Com a presença do Espírito Santo, os cristãos descobrem seu lugar dentro da Igreja. Ele nos leva a entender que fazemos parte de um corpo e perceber que, como membros, somos responsáveis uns pelos outros. O Espírito Santo inspira em nós ações em benefício de todos, às quais chamamos de frutos do Espírito em nossa vida. Assim, impelidos pelo Espírito Santo, nosso compromisso cristão é sermos testemunhas de Jesus Cristo, a fim de produzir uma revitalização da presença da Igreja no mundo, formando novas comunidades e anunciando o Reino de Deus.

CRESCER COM A PALAVRA

 Acompanhe a leitura bíblica que o catequista irá realizar.

 Gl 5,13-14.22-26

Por onde eu for, que eu testemunhe tua Palavra, Senhor.

Somos chamados a compreender a vida como dom e espaço de realização, permitindo reconhecer e valorizar cada pequena alegria nos dedicando a vivê-la com entusiasmo. O Espírito Santo na vida do cristão não faz dele uma pessoa triste, mas o ajuda a viver em plenitude a beleza da vida doado no serviço do amor.

1. Carlo Acutis, jovem italiano beatificado em 2020, e Santa Dulce dos Pobres, a nossa primeira santa brasileira canonizada em 2019, deram exemplos concretos da força do Espírito Santo na vida de um cristão. Com base na pesquisa que realizou, registre:

a. O que você entendeu sobre a vida deles?

_____
_____
_____
_____
_____
_____

b. O que mais chama atenção e causa admiração na história deles?

2. Seguindo a orientação do catequista, participe da atividade em grupos:

a. Grupo 1 – Preparar um cartaz contendo:
- Seu entendimento do texto bíblico de Gl 5,13-14.
- Escolha uma das histórias dessas pessoas pesquisadas e identifique, no cartaz, como ela viveu os ensinamentos desse texto bíblico.

b. Grupo 2 – Preparar um cartaz sobre:
- Seu entendimento do texto bíblico de Gl 5,22-26.
- Escolha uma das histórias dessas pessoas pesquisadas e identifique, no cartaz, como ela viveu os ensinamentos desse texto bíblico.

CRESCER NO COMPROMISSO

Em Gl 5,22-23 vemos o elenco do que Paulo chama de frutos do Espírito. Podemos dizer que o dom do Espírito em nós não faz da nossa vida uma renúncia triste das alegrias que ela nos oferece. O problema está quando nos tornamos obcecados por muitos prazeres que nos impedem de colher a beleza de Deus em nossa vida presente.

★ Comprometa-se, durante a semana, a retomar os versículos 22 e 23 do texto bíblico e, a partir de cada fruto do Espírito Santo, identificar o que precisa melhorar em sua vida.

CRESCER NA ORAÇÃO

Neste encontro, refletimos sobre a presença do Espírito Santo em nossas vidas. Essa presença se transforma em ação, por isso, conforme a orientação do catequista, realize a atividade e depois registre aqui a atitude que você escolheu para demonstrar amor a si mesmo e ao próximo.

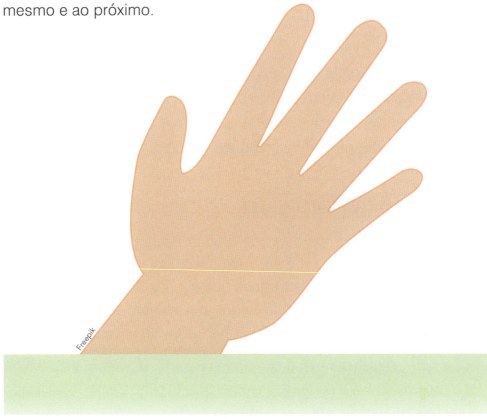

Vamos rezar: *Vinde, Espírito Santo...*

Hoje é você quem escolhe o versículo!

18

VIDA NOVA EM CRISTO

Como crismandos, é chegada a hora de escolhermos atitudes que nos identificam como seguidores de Cristo e participantes de sua Igreja. São João Paulo II sinaliza que o cristão não tem vidas paralelas, por isso precisa reunir, de um lado, família, trabalho, estudo, política e cultura, e, do outro lado, valores da vida espiritual. O exercício das virtudes nos faz pessoas melhores e nos aproxima da comunidade, desafiando-nos a sermos fiéis aos desígnios de Deus, sendo sinais de comunhão, optando por viver uma vida nova com base nos valores do Reino.

CRESCER COM A PALAVRA

 A leitura bíblica nos ajudará a compreender quais atitudes precisamos mudar para seguir a Cristo e experimentar n'Ele uma vida nova.

 Cl 3,5-17

Por onde eu for, que eu testemunhe tua Palavra, Senhor.

São Paulo nos recorda e nos convida: "Se fostes, pois, ressuscitados com Cristo, procurai as coisas do alto, onde Cristo está sentado à direita de Deus" (Cl 3,1). Nascemos para o Céu, e não para as limitações deste mundo.

1. Releia o texto bíblico novamente e responda às questões.

a. O que mais chama sua atenção no texto?

_____
_____
_____

b. Qual a sua opinião a respeito dos desejos deste mundo?

_____
_____
_____
_____
_____

c. Quais seriam os desejos de Deus?

_____
_____
_____
_____

d. E os seus desejos, quais são?

_____
_____
_____
_____
_____
_____

Jesus Ressuscitado é a única fonte de vida, mas não uma vida de incertezas e limitações, e sim uma vida plena. Ele nos convida a abandonar vícios que nos distanciam do amor de Deus e dificultam nosso relacionamento com os irmãos, de modo que abracemos virtudes que renovam constantemente o nosso viver.

2. Complete o quadro com os vícios e as virtudes descritos no texto bíblico de Cl 3,5-17. Apresente também um exemplo prático de como podemos viver as virtudes que nos tornam pessoas novas.

VICÍOS E VIRTUDES

VÍCIOS DA VELHA NATUREZA	VIRTUDES DA NOVA NATUREZA	UM EXEMPLO PRÁTICO

CRESCER NO COMPROMISSO

⏻ **SE LIGA** na dinâmica que o catequista irá propor!

Participar do mistério de Cristo é deixar Deus trocar a morte por vida, a partir de pequenos e grandes gestos de doação, de fidelidade e de entrega, assumindo o firme propósito de seguir uma vida virtuosa. As coisas que vêm do alto nos conduzem sempre a fazer o bem.

✱ Comprometa-se a exercitar a virtude que você retirou de dentro do balão. Para que você se recorde deste compromisso, escreva a virtude em um dos balões da imagem.

CRESCER NA ORAÇÃO

O texto de Colossenses, que nos orientou neste encontro, termina sugerindo que, sob a inspiração da graça, cantemos e louvemos com hinos e salmos ao Senhor, e que tudo seja feito por Jesus dando graças ao Pai. Rezemos o Salmo 100:

> *Aclamai o Senhor, terra inteira!*
> *Servi o Senhor com alegria, vinde a sua presença com cantos de júbilo!*
> *Reconhecei que o Senhor é Deus! Ele nos fez, e somos seus: seu povo e ovelhas de seu rebanho.*
> *Entrai por suas portas com ação de graças, e nos seus átrios, com hinos de louvor!*
> *Rendei-lhe graças, bendizei seu nome!*
> *Pois o Senhor é bom: seu amor é para sempre e sua fidelidade de geração em geração.*

"Mas, acima de tudo, revesti-vos do amor que é o vínculo da perfeição." (Cl 3,14)

19

COMO SER JOVEM NA COMUNIDADE

Ser um jovem cristão e ocupar um lugar na comunidade em pleno século XXI é uma decisão de extrema importância, algo para corajosos. Quantos dos seus amigos participam de uma comunidade religiosa? Há quem ache que ser um jovem participante da Igreja é chato, uma coisa ultrapassada ou "pagar mico". Juventude é tempo de alegria, de planos e projetos. Ser jovem é sinônimo de vida, disposição e força para encarar os desafios. Ser jovem cristão, além disso, é usar todas essas qualidades para Deus e para a construção de seu Reino; é ser testemunha de uma vida feliz.

A verdadeira felicidade está na vida em comunidade. O cristão, sabendo disso, precisa assumir sua missão de discípulo missionário de Jesus, de profeta de Deus. Quando o jovem tem um encontro com Deus, não quer que essa experiência fique somente em seu coração, mas deseja transmiti-la para todos à sua volta. Muito além de uma idade, a juventude é um estado do coração, de espírito que precisa estar presente na Igreja para que ela possa se renovar todo dia, pois na juventude está Cristo que faz novas todas as coisas (Ap 21,5).

CRESCER COM A PALAVRA

A leitura bíblica nos apresenta o chamado de Jeremias, escolhido por Deus para ser profeta. Mesmo com medo, ele busca entender a vontade divina em sua vida.

 Jr 1,4-10

Por onde eu for, que eu testemunhe tua Palavra, Senhor.

Antes da meditação da Palavra, reze:

Pai querido, que meu coração seja uma terra boa para a tua Palavra ser semeada todo dia em minha vida e produzir frutos da justiça, da paz, do amor e da fraternidade. Amém.

Profeta é uma pessoa que tem uma profunda intimidade com Deus e, por conta dessa intimidade, enxerga e compreende a realidade à luz de seus ensinamentos. Tem por missão **denunciar** as injustiças que ferem o povo de Deus, **alertar** quando existe o perigo do pecado que afasta as pessoas do Reino e **anunciar a salvação** que vem de Jesus Cristo. A Igreja nos ensina que, pelo Batismo, Deus nos faz profetas, e nós exercemos nossa vocação pelo testemunho e pelo anúncio da Palavra. Os profetas nos lembram de que a fé é vida, por isso estão no meio do povo.

1. Agora reflita e anote suas respostas aos questionamentos.

   a. O jovem Jeremias recebe um chamado de Deus para ser profeta. Como ele reage a esse chamado?

   _____

   _____

   b. Como Jeremias, os jovens se sentem imaturos para falar de Deus? Você se sente assim?

   _____

   _____

c. Em sua opinião, por que os jovens se afastam da Igreja?

_____
_____
_____
_____
_____

d. Onde o jovem precisa estar para exercer sua função de profeta?

_____
_____
_____
_____

2. Converse com seu grupo a respeito da imagem e argumente sobre a mensagem que ela transmite. Depois crie uma legenda para a imagem.

_____
_____
_____

3. O profeta denuncia, alerta e anuncia. Você é o profeta agora:

a. O que você precisa denunciar no mundo atual que fere a vida do jovem?

b. Quais os alertas que você precisa fazer aos jovens de seu tempo?

c. Como você anuncia Jesus Cristo entre os seus amigos?

🟠 **SE LIGA** no catequista. Ele vai orientar você na dinâmica.

Curtir a Deus e ser de Deus não limita a juventude nem a proíbe de viver uma vida com beleza e alegria. Ser de Deus nos faz viver plenamente a liberdade podendo escolher o bem, sem nos deixar escravizar pelo pecado, pelos prazeres momentâneos ou relacionamentos nocivos. Um jovem cristão vive livremente com os pés fixos no mundo, porque é no mundo, em todos os lugares que frequenta e com quem convive, que ele deve testemunhar a Deus. Com os pés no mundo, mas olhando para a eternidade.

4. Agora registre as conclusões a que chegou durante a dinâmica. Assinale em qual copo você está. Em que você precisa melhorar? Como você pode contribuir com sua Igreja para que ela acolha os jovens?

CRESCER NO COMPROMISSO

O Papa Francisco, em seu discurso aos voluntários da Jornada Mundial da Juventude de 2013, nos diz:

> *Na cultura do provisório, do relativo, muitos pregam que o importante é "curtir" o momento, que não vale a pena comprometer-se por toda a vida, fazer escolhas definitivas, "para sempre", uma vez que não se sabe o que reserva o amanhã. Em vista disso, eu peço que vocês sejam revolucionários, eu peço que vocês vão contra a corrente; sim, nisto peço que se rebelem: que se rebelem contra esta cultura do provisório que, no fundo, crê que vocês não são capazes de assumir responsabilidades, crê que vocês não são capazes de amar de verdade. Eu tenho confiança em vocês, jovens, e rezo por vocês. Tenham a coragem de "ir contra a corrente". E tenham também a coragem de ser felizes!*

✱ Comprometa-se com Deus, para toda a vida, em ser jovem cristão em sua comunidade. Registre na imagem o seu compromisso.

CRESCER NA ORAÇÃO

✱ Siga as orientações do catequista e conclua este momento com a oração de Consagração a Nossa Senhora.

"Irás a quem eu enviar e falarás o que eu te ordenar. Não os temas, porque eu estou contigo para te proteger." (Jr 1,7-8)

Celebração comunitária

ENTREGA DA CRUZ

Catequista: Aproximem-se os catequizandos para receberem a cruz, sinal da vitória de Cristo sobre a morte e o pecado.

Presidente: Caríssimos, agora vocês receberão a cruz do Senhor Jesus. Ela é sinal do amor sem limites de Deus por seus filhos e filhas que outrora se desligaram do Pai pelo pecado. Recebam e guardem essa cruz como símbolo da derrota do pecado e da vitória do amor.

Entrega da cruz

Presidente: *Senhor, que por vosso amor remistes o mundo, transformando a vergonha da cruz em fonte de salvação, olhai para estes vossos filhos e filhas para que, ao portarem o símbolo do amor maior de Deus pela humanidade, façam ressoar as palavras do seu santo Evangelho em todos os lugares por onde andarem. Que o Espírito Santo os guie com seus dons e que, a exemplo da virgem Maria, sejam fiéis e obedientes aos seus preceitos. Por Nosso Senhor Jesus Cristo, que vive e reina convosco e com o Espírito.*

O catequista convida os catequizandos a ficarem em pé e quem preside faz o envio.

Presidente: Ide e testemunhem, ao usarem essa cruz, que Jesus Cristo é o Senhor de vossas vidas.

BLOCO 5

PERMANECER EM CRISTO

20 BANHADOS EM CRISTO, SOMOS NOVAS CRIATURAS

21 PERFUMADOS PELO ESPÍRITO

22 DONS QUE ILUMINAM A VIDA

23 ALIMENTADOS PELA EUCARISTIA

CELEBRAÇÃO COM AS FAMÍLIAS
ILUMINADOS POR CRISTO

CELEBRAÇÃO
CONFIRMADOS PELO ESPÍRITO

CELEBRAÇÃO COM AS FAMÍLIAS
CELEBRAR A VIDA EM COMUNIDADE

20

BANHADOS EM CRISTO, SOMOS NOVAS CRIATURAS

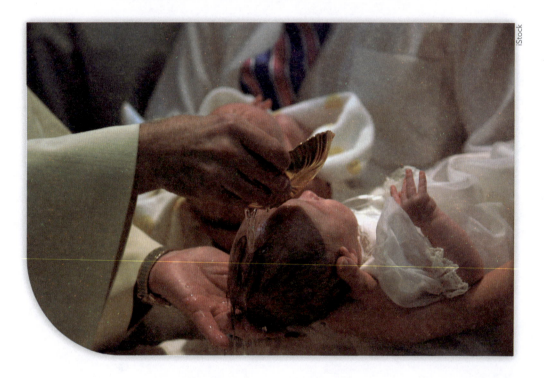

A Iniciação à Vida Cristã, ou seja, o processo de ser apresentado a Jesus Cristo, o desejo de conhecê-lo, segui-lo e viver numa comunidade de pessoas que abraçaram a fé cristã, é marcada por momentos especiais em que celebramos os sacramentos da Iniciação: Batismo, Confirmação e Eucaristia. No início do cristianismo esses três sacramentos eram recebidos por adultos na noite da solene Vigília Pascal, depois de um longo caminho de estudo dos ensinamentos cristãos e de um processo de purificação e iluminação. Quando batizados, confirmados e participantes da mesa Eucarística, os novos cristãos comprometiam-se a viver conforme viveu Jesus, pois haviam renascido para uma vida nova em Cristo, abrindo mão de tudo o que os afastava dos valores do Reino de Deus e dos irmãos.

Como uma criança que acaba de nascer, esses três sacramentos podem ser comparados aos primeiros cuidados com um bebê. A primeira ação de cuidado é limpá-lo e banhá-lo, em seguida ele é vestido, arrumado e perfumado para ser apresentado ao mundo. Ainda, para que viva e cresça saudável, ele é constantemente alimentado. Nascidos para viver por Cristo, com Cristo e em Cristo, somos banhados no Batismo, perfumados na Confirmação e alimentados continuamente pela Eucaristia.

CRESCER COM A PALAVRA

Pelo Batismo somos lavados do pecado, introduzidos na comunidade dos filhos de Deus e chamados a viver de um jeito novo, conformados a Cristo. Para que essa vida nova e plena alcance a eternidade, precisamos da força do Espírito Santo a nos orientar e conduzir, por isso vamos invocá-lo rezando: *Vinde, Espírito Santo, enchei os corações...*

 2Cor 5,14-18

Senhor, que pela luz do Espírito Santo eu compreenda tua Palavra de vida e salvação!

1. Reflita e dialogue com o grupo e o catequista, depois responda ao questionamento:
   - A que Paulo associa a morte e ressurreição de Cristo?

_____
_____
_____
_____
_____

Os ritos realizados durante a celebração dos três sacramentos da Iniciação Cristã são repletos de símbolos que nos ajudam a compreender a beleza e a riqueza de termos a graça de Deus agindo em nós. Neste encontro vamos nos concentrar em fazer memória e compreender um pouco do que aconteceu conosco no dia em que fomos batizados.

2. Numa conversa com o catequista e o grupo de catequese, faça um inventário do que sua família já lhe disse sobre seu Batismo e depois registre. Caso não saiba todas as informações, converse com seus familiares assim que voltar para casa e complete essa atividade.

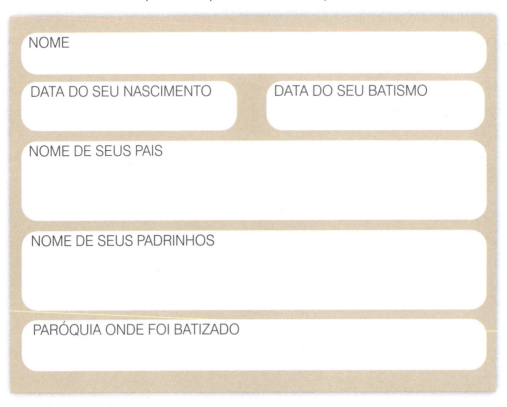

NOME

DATA DO SEU NASCIMENTO

DATA DO SEU BATISMO

NOME DE SEUS PAIS

NOME DE SEUS PADRINHOS

PARÓQUIA ONDE FOI BATIZADO

SE LIGA no catequista. Ele vai ajudar você, através de uma dinâmica, a rever as ações e os símbolos que nos ajudam na celebração do Batismo.

3. Agora que você recordou o que aconteceu durante o seu Batismo, complete as lacunas sintetizando a dinâmica.

No dia do meu batismo, por ser especial para Deus, meu Criador, fui chamado/chamada pelo nome de _____. Fui marcado/marcada na testa com o _____ que lembra que Cristo me ama incondicionalmente e morreu por meus pecados. A _____ de Deus foi proclamada para lembrar que preciso conduzir meu viver segundo seus ensinamentos. Depois fui ungido/ungida com _____, significando que recebo

106

de Deus a força para defender minha fé. Meus pais e padrinhos renunciaram ao _____ e declararam sua _____ em Cristo, por eles e por mim, já que eu ainda era criança. Depois de algumas orações e bênçãos, realizou-se o meu _____ com o padre derramando água sobre mim. Minha cabeça foi ungida com o óleo do _____ para me lembrar que, incorporado/incorporada à Igreja, devo ser sacerdote, profeta e rei/rainha testemunhando a Cristo. Usava _____, simbolizando que estava sendo revestido/revestida pela graça de Deus. Meus padrinhos seguraram uma _____, simbolizando que eu recebi de Cristo a luz maior, a chama da fé, e, junto com a comunidade que me acolhia, rezamos o _____, a oração em que dizemos que somos filhos do mesmo Pai e irmãos em Cristo Jesus.

Frepik

A finalidade da Iniciação Cristã é fazer de cada iniciado um discípulo missionário, ou seja, um seguidor de Jesus e dos seus ensinamentos que anuncia o seu Reino de amor. No rito batismal somos ungidos com o óleo do Crisma. O gesto de ungir no judaísmo era destinado aos reis, aos sacerdotes e aos profetas porque representava a autoridade concedida,

> e era sinal de que a bênção de Deus estava sobre eles. Jesus, o Cristo, que significa "ungido", recebe do Pai a missão de ser sacerdote, profeta e rei. Ao sermos ungidos nesse momento do nosso Batismo, somos incorporados à mesma missão de Jesus e, como seus discípulos e missionários, convocados a testemunhar os valores do Reino dos Céus ainda aqui na Terra.

O que faz um sacerdote? Ele consagra sua vida a Deus, cuida do sagrado, zela as coisas de Deus e tem acesso direto a Ele. O sacrifício que nossa condição de sacerdote nos apresenta é a oferta de nosso viver em prol dos irmãos e do amor a Deus.

4. O que é sagrado para você? Como você pode exercer seu sacerdócio em seu dia a dia?

_____
_____
_____
_____
_____

O que faz um profeta? Anuncia o projeto de Deus ao mundo e denuncia tudo o que se opõe a ele. Não se trata de um adivinho do futuro, mas de uma pessoa que é capaz de, a partir da realidade em que vive, perceber as coisas que nos afastam de Deus e dos irmãos. Diante dessa percepção, sem se calar, ele fala dos perigos do mal, denuncia as injustiças e alerta as pessoas que se desviam do Reino. Como profeta, todo batizado é chamado a perceber a ação de Deus nos acontecimentos cotidianos.

5. Como profeta, o que você precisa anunciar e denunciar nesse momento de sua existência?

_____
_____
_____
_____
_____
_____

    O que faz um rei? Ele é servidor de todos. Jesus mostrou-se Rei quando nos disse: "Eu vim para servir, e não para ser servido". O rei lidera, está sempre à frente nas batalhas, administra, dá exemplo de fé e coragem, arrisca a própria vida por seus súditos. O rei também é senhor, e não escravo em seu reino. É senhor de sua vida e de seus atos. Como rei, todo batizado deve ser senhor de seus desejos, e não se deixar escravizar pelo pecado que nos afasta de Deus e dos irmãos, dando testemunho da justiça e da verdade.

6. Como você pode demonstrar sua realeza de batizado nos ambientes que frequenta? E o que você precisa fazer para libertar-se das coisas que o escravizam e entristecem?

_____
_____
_____
_____
_____
_____
_____

CRESCER NO COMPROMISSO

No passado, era tradição escolher o nome de um santo para o filho. Esse santo seria o seu patrono, seu intercessor, e representaria um modelo de vida a ser seguido. Esse costume foi esquecido, mas o que não podemos esquecer é que os santos são modelos de pessoas que viveram intensamente seu Batismo.

* O compromisso que propomos é que você pesquise a vida de um santo ou santa que você conhece ou já ouviu falar. Faça dele seu patrono, seu santo de devoção, e procure desenvolver em você as virtudes dele.

* No próximo encontro, partilhe com o grupo e o catequista o nome de seu patrono e explique sua escolha.

CRESCER NA ORAÇÃO

Ser batizado é um presente precioso que recebemos de nossos pais e padrinhos, mas é ainda mais grandioso saber que pelo Batismo celebramos a ação salvadora de Deus que nos conduz a um novo viver e à felicidade duradoura. O Batismo nos faz desejosos de Deus, por isso queremos conversar com Ele, partilhar com Ele tudo o temos e somos, e podemos fazer isso a todo o momento através da oração.

* Acompanhe o catequista para que, com as ações que forem propostas, você possa fazer uma bela oração de ação de graças pelo Batismo e pedir a Deus que o ajude a vivê-lo todos os dias.

21

PERFUMADOS PELO ESPÍRITO

Todos nós recebemos o dom do Espírito Santo quando fomos batizados, mas o sacramento da Confirmação ou Crisma concede ao cristão a plenitude desse dom. Confirmar significa tornar firme, fortalecer, assegurar, validar algo que foi estabelecido, tornar seguro, por isso podemos dizer que Confirmação é o sacramento que nos põe em pé e nos fortalece na fé, no amor e na vivência do cristianismo. Não se trata de confirmar o Espírito, e sim de confirmar nossa disposição em nos deixar conduzir por Ele. A igreja apresenta esse sacramento no momento que o jovem está em trânsito para a idade adulta, desejando que, pelo Espírito, ele encontre sua própria identidade e assuma as responsabilidades por sua vida e por sua fé, por isso a Crisma é também o sacramento da maturidade.

CRESCER COM A PALAVRA

> No sacramento da Confirmação, o Espírito Santo nos é dado para realizarmos nossa missão pessoal, nossa missão no mundo e na Igreja. Ele nos capacita e nos convida, portanto, a adotarmos um novo comportamento e novas aptidões, por isso peçamos: *Vinde, Espírito Santo, enchei os corações...*

 2Cor 3,1-6

Senhor, que pela luz do Espírito Santo eu compreenda tua Palavra de vida e salvação!

111

Quando queremos informações sobre uma pessoa, conseguimos facilmente consultando redes sociais e *sites* de busca na internet. No passado, além das dificuldades de comunicação e transporte, as informações sobre alguém eram escassas, por isso "cartas de recomendação" eram comuns. Quando uma pessoa apresentava a um desconhecido uma carta dessas, escrita por alguém de seu conhecimento e de sua confiança, ela era recebida e acolhida em atenção a quem fez a recomendação. É sobre esse costume que Paulo está falando à comunidade de Corinto.

✳ Converse com seu grupo e catequista sobre as palavras de Paulo, considerando os seguintes questionamentos:

- Como é a carta de recomendação descrita por Paulo?
- Quem é o autor da carta?
- Com o que a carta foi escrita?

1. Agora escreva no espaço indicado uma frase que sintetize o ensinamento de Paulo sobre nós como cartas vivas de Cristo.

Quando recebemos a unção do Espírito do Senhor nos tornamos aptos para a missão de promover o bem entre a humanidade, por isso a Confirmação é o sacramento da missão e do testemunho. Cada palavra, elemento e gesto usado no ritual da Confirmação nos ajuda a compreender a dimensão do compromisso que estamos firmando com Deus e com a comunidade. Vejamos cada um deles:

O NOME: Somos apresentados ao bispo e à comunidade sendo chamados pelo nome, demonstrando que se deixar confirmar é uma decisão pessoal de cada um.

2. Escreva seu nome no espaço em destaque e, na sequência, leia-o juntamente com versículo bíblico. Imagine Deus dizendo isso para você e escreva o que você diria a Ele depois de ouvi-lo.

_____,"não tenhas medo, pois eu te resgatei, chamei-te pelo nome, tu és meu" (Is 43,1).

_____
_____
_____

O CREIO: Depois de o bispo proferir palavras de acolhimento e ensinamento a todos, especialmente aos crismandos, estes são convidados a renovar as promessas que seus pais e padrinhos fizeram no dia em que foram batizados, num diálogo em que renunciam o mal e professam o que acreditam.

3. Escreva no balão uma profissão de fé com suas palavras.

"Há um só Senhor, uma só fé, um só Batismo. Há um só Deus e Pai de todos que age por meio de todos e em todos" (Ef 4,6).

_____
_____
_____
_____
_____

A INVOCAÇÃO DO ESPÍRITO: Na sequência do ritual, o ministrante invoca o Espírito Santo estendendo as mãos sobre o crismando. Esse gesto é bastante simbólico, pois significa reverência, proteção, bênção, pertença. Ao estender as mãos, o Espírito é invocado para que a pessoa administre sua vida neste mundo, orientada pelo próprio Deus que, com sua mão, o conduz e o acompanha em seu caminho. Pelas mãos também se quer expressar que o crismando pertence a Deus, por causa disso é livre, pois, sendo de Deus, nada e ninguém neste mundo têm poder sobre ele. A oração pronunciada diz: *"Roguemos, irmãos e irmãs, a Deus Pai, Todo-Poderoso, que derrame o Espírito Santo sobre estes seus filhos e filhas, já renascidos do Batismo para a vida eterna, a fim de confirmá-los pela riqueza de seus dons e configurá-los pela unção ao Cristo, Filho de Deus"* (RICA, p. 172).

"O Senhor é o Espírito, e onde está o Espírito do Senhor há liberdade" (2Cor 3,17).

A IMPOSIÇÃO DAS MÃOS: Das mãos estendidas, o ministrante passa ao gesto de impor as mãos, ou seja, tocar a cabeça da pessoa que está sendo crismada e fazer uma oração em silêncio por ela. O silêncio neste momento demonstra que o Espírito Santo não condiciona a pessoa a um comportamento estabelecido, mas concede o dom e a força para que cada um testemunhe Cristo de forma pessoal. O bispo quebra o silêncio continuando a oração pedindo os sete dons do Espírito para o crismando.

4. Feche seus olhos e imagine como será este momento no dia da celebração da sua Confirmação. Depois registre com uma palavra o que sentiu durante o momento de reflexão.

"Ó Deus, cria em mim um coração puro e renova-me por dentro com um espírito decidido! Não me afastes de tua presença, nem retires de mim teu Santo Espírito" (Sl 51(50),12-13).

A UNÇÃO COM O CRISMA: Marcar, fortalecer, tonificar, curar, embelezar, perfumar. Todas essas ações do Espírito são significadas no momento que a pessoa é ungida pelo bispo traçando uma cruz em sua testa com o óleo do Crisma, que é uma mistura de azeite de oliva com bálsamo aromático. Enquanto faz o gesto, ele diz: "Recebe, por esse sinal, o Espírito Santo, o dom de Deus". Sermos marcados com o selo do Espírito nos dá a certeza de pertencer a Deus e caminhar sob sua proteção, que afasta de nós o medo dos perigos, o mal e nossos conflitos internos que causam tristeza. Óleo e bálsamo são usados em remédios e cosméticos, isso nos diz que precisamos nos empenhar a consolar e ajudar na cura dos que sofrem, a tonificar e fortalecer os que estão fracos e desanimados, a amaciar os corações duros e ásperos, a embelezar e perfumar o mundo.

SE LIGA no catequista. Ele vai ajudar você a descobrir a mensagem que está na garrafa.

5. Escreva o que a carta na garrafa pede que você seja para o mundo e o que precisa fazer para que isso aconteça.

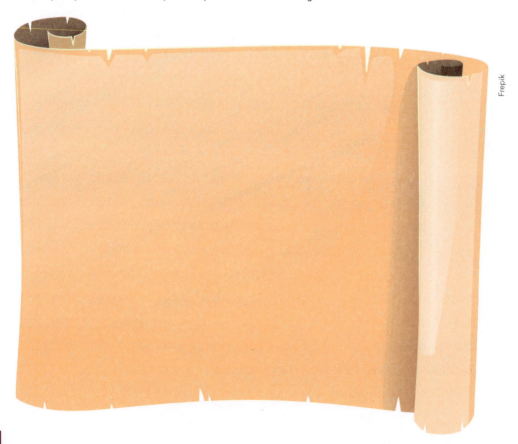

CRESCER NO COMPROMISSO

Durante a imposição das mãos e a unção no ritual da Confirmação, você não estará só. Um padrinho ou uma madrinha estará ao seu lado e colocará a mão direita sobre o seu ombro. Essa pessoa que você escolheu será seu amparo em sua vida de fé, como se o Espírito se tornasse visível nela. Sempre que estiver ao seu lado, você se lembrará de que o Espírito do Senhor lhe foi dado para sustentar e guiar você rumo à felicidade que só pode ser encontrada em Deus.

✳ Nesta semana seu compromisso é escrever uma carta a seu padrinho ou madrinha dizendo quão importante é a presença e o amparo dele ou dela em sua vida. Escreva também o que você deseja que ele ou ela faça ou lhe diga quando você se desviar dos caminhos de Deus. Agradeça por ele ou ela aceitar seu convite e lhe faça uma oração de bênção. Seria interessante se você pudesse entregar pessoalmente esta carta e aproveitar a oportunidade para uma boa conversa entre vocês, mas, se não for possível, envie-a através do meio de comunicação que você costuma usar.

CRESCER NA ORAÇÃO

O catequista vai colocar em suas mãos um pouco de óleo aromático ou creme hidratante. Massageie as mãos com o produto e, enquanto faz isso, perceba os efeitos dele em sua pele: calor, suavidade, maciez, perfume. Vá pensando em sua vida e em suas ações, em como o Espírito Santo pode ajudar você a melhorá-las. Conclua o momento orante pedindo a unção do Espírito Santo.

> *Senhor, unge:*
> *Meus olhos para enxergar meu irmão sofrido.*
> *Minha boca para que eu possa proclamar tua Palavra com alegria.*
> *Meus ouvidos para que eu possa ouvir as necessidades de*
> *meus irmãos.*
> *Minha fronte para que teus pensamentos me encham de paz.*
> *Meu coração para que nele haja amor, fé e caridade. Amém.*

22

DONS QUE ILUMINAM A VIDA

No dia de sua ressurreição, no entardecer, Jesus vai até os discípulos e diz: "A paz esteja convosco. Como o Pai me enviou, assim também eu vos envio". Após essas palavras, soprou sobre eles e disse: "Recebam o Espírito Santo" (Jo 20,21). Jesus continua nos enviando e soprando em nós seu Espírito, que nada mais é do que o seu amor, pois o verdadeiro dom de Deus é o amor. Esse sopro amoroso quer nos impelir a abrir as portas fechadas do nosso coração para as pessoas e colocar a serviço delas os dons especiais que recebemos de Deus.

Durante o ritual da Confirmação, com as mãos impostas sobre os crismandos, o bispo reza pedindo a Deus Todo-Poderoso, Pai de Jesus, que nos fez renascer do pecado pelo Batismo, que lhes seja enviado o Espírito Santo Paráclito e seus sete dons: sabedoria, entendimento, conselho, fortaleza, ciência, piedade e temor de Deus. O Paráclito, que quer dizer advogado, defensor, orientador, vem a nós para que não estejamos sós neste mundo. Ele nos acompanha, protege e defende falando em nosso interior, nos ajudando a perceber o que é bom para nós e nos conduzindo à vida com felicidade e liberdade.

CRESCER COM A PALAVRA

Vamos olhar para o que as Escrituras nos dizem sobre os dons do Espírito Santo nos valendo de dois textos, um do Antigo Testamento, que narra sobre um rei pleno dos dons do Espírito, e outro do Novo Testamento, que mostra, nas primeiras comunidades, a ação do Espírito pelos dons e carismas recebidos.

 Is 11,1-5 e Rm 12, 5-8

Senhor, que pela luz do Espírito Santo eu compreenda tua Palavra de vida e salvação!

SE LIGA nas instruções do catequista para a leitura e reflexão dos textos deste encontro, depois partilhe as conclusões de cada grupo menor com o grupo todo.

1. Anote os dons e carismas que aparecem em cada texto nos espaços indicados.

ISAÍAS	PAULO AOS ROMANOS

Isaías apresenta sete dons que acompanharão o Messias prometido. Sete é o número que representa tudo o que é perfeito e completo nas Escrituras, como também transformação do que é terreno em divino.

2. Com a ajuda do catequista e do grupo, relacione cada um dos sete dons do Espírito Santo aos textos. Depois escreva o nome de cada um em seu livro.

a. É um reflexo da luz de Deus em nós e a busca do verdadeiro conhecimento de Deus e de valores autênticos em nossa vida. Por esse dom, buscamos olhar o mundo com os olhos de Deus e reconhecer nele a grandeza do Criador.

b. É o dom que nos faz penetrar na verdade divina e nos capacita a compreender que ela nos traz a salvação, porque tudo o que vem de Deus é infalível. Jesus sabia olhar o mundo ao seu redor e dar sentido a ele.

c. Esse dom nos ajuda a ter clareza da maneira certa de proceder diante de algumas situações que poderiam pôr em risco o caminho rumo ao Céu. Ele nos ajuda a distinguir o bem e o mal, o certo e o errado. É também a atitude de ajuda e de orientação para as pessoas que necessitam de uma palavra amiga, de um gesto que lhes faça o bem. Jesus sempre sabia dizer as palavras certas.

d. É a capacidade de redescobrir, recriar e reinventar caminhos de salvação e libertação. O conhecimento de Deus supera qualquer conhecimento humano, por isso esse dom nos concede ver a mão de Deus nos acontecimentos mais simples do cotidiano.

e. É a coragem nascida da fé para enfrentar os desafios e as dificuldades da vida. Ninguém foi mais forte que Jesus! Sua força vinha da total confiança no Pai.

f. É a busca persistente e perseverante de intimidade com Deus através de uma espiritualidade autêntica. É o dom que nos faz tratar as coisas de Deus como sagradas, a confiar sempre n'Ele e a entender o nosso lugar de filhos para tratar a Deus como Pai. Jesus vivia a plena união com o Pai por meio de uma profunda vida de oração, o melhor caminho para que esse dom seja continuamente desenvolvido em nós.

g. É a experiência do amor de Deus na vida que nos faz ser fiéis a Ele. Jesus amava profundamente ao Pai, por isso foi obediente a Ele até a morte. Não é um dom que nos faz ter medo de Deus, mas que nos desperta o desejo de agradá-lo. E porque o respeitamos e o consideramos nosso Senhor, decidimos obedecer à sua voz e moldar nossa vida de acordo com a sua Lei.

Viver pelo Espírito Santo

São Paulo falou muito em suas cartas sobre os dons e carismas que nos são concedidos, e talvez você esteja pensando que não possui nenhum. Sente-se incapaz de realizar grandes coisas. O Espírito é simples e discreto em sua ação, não faz estardalhaço quando age e nos concede dons e carismas gratuitamente para o aprimoramento de nosso caráter e para a edificação da Igreja. Viver a partir do Espírito nos proporciona liberdade, pois deixamos de nos conduzir pelos padrões do mundo e nos libertamos da pressão de corresponder às expectativas dos outros.

Viver a partir do Espírito nos capacita a falar livremente sobre o que sentimos no coração e nos torna abertos à voz de Deus para nos colocar à disposição dos irmãos. Paulo também fala que cada pessoa tem um dom diferente, mas que todos os dons são dados pelo mesmo Espírito. Algumas pessoas têm o dom de ouvir as demais, outras são criativas, outras sabem liderar, outras são capazes de mediar conflitos e solucioná-los, outras são caridosas. Podemos identificar nosso dom especial olhando para a nossa história de vida e percebendo quando curamos a dor de alguém simplesmente por ouvi-lo, quando realizamos pequenos milagres, como fazer sorrir quem chora, quando controlamos nossos impulsos e, principalmente, quando nos sentimos felizes por ter feito o bem.

Deixar-nos confirmar pelo Espírito é identificar e confiar em nossos dons, ouvir nossa consciência, adotar novos comportamentos, enfrentar novos desafios, reconhecer nossos fracassos, sentir alegria quando vencemos as tentações. Para viver sempre no Espírito é preciso estar aberto à oração e à escuta da Palavra, pois só assim o Espírito pode nos transformar e gestar em nós o mais puro amor; só assim poderemos cantar como Maria, a pessoa que deixou-se conduzir plenamente pelo Espírito Santo: "Minha alma engrandece ao Senhor e rejubila meu espírito em Deus, meu Salvador" (Lc 2,46-47).

3. O texto nos diz que olhar para a nossa história nos ajuda a identificar nossos dons. Pense por uns instantes e perceba quais dons são mais marcantes em você. Registre-os aqui.

_____
_____
_____
_____
_____
_____
_____

CRESCER NO COMPROMISSO

✶ Receber um dom é o mesmo que receber um presente. O catequista irá passar uma caixa de presente a você. Abra a tampa da caixa e tire de dentro dela um cartão com um dom ou carisma escrito, leia-o e assuma o compromisso de, durante um mês, perceber e desenvolver esse dom em você. Cole o cartão no espaço indicado em seu livro.

CRESCER NA ORAÇÃO

✶ Vamos, de coração aberto e sincero, rezar ao Espírito Santo.

Sequência de Pentecostes

Grupo 1: *Espírito de Deus, enviai dos Céus um raio de Luz.*
Pai dos miseráveis, com vossos dons afáveis vinde aos corações.
Grupo 2: *Consolo que acalma, hóspede da alma, doce alívio, vinde.*
No labor, descanso; na aflição, remanso; no calor, aragem.
Grupo 1: *Enchei, ó luz bendita, chama que crepita, o íntimo de nós.*
Sem a Luz que acode, nada o homem pode, nem um bem há nele.
Grupo 2: *Lavai o que há impuro, regai o seco e duro, curai o que é doente.*
Dobrai toda dureza, o frio se aqueça, no escuro conduzi.
Todos: *Dai à vossa Igreja, que espera e deseja, vossos sete dons.*
Dai em prêmio ao forte uma santa morte, alegria eterna. Amém.

23

ALIMENTADOS PELA EUCARISTIA

A Eucaristia é a grande festa dos cristãos. O pão que nós comemos é o mesmo Cristo descido do Céu, que se oferece em sacrifício para nos dar a vida. A Eucaristia fortalece a fé, nos leva ao encontro com Deus e com os irmãos por obra do Espírito Santo. É fonte de vida, que anima a fé pela Palavra de Deus, pela comunhão e pelo compromisso assumido, por isso participar da Ceia Eucarística, partilhando o pão e o vinho, significa viver muito próximo, estar unido com quem se tornou íntimo de Jesus Cristo e fez d'Ele o centro de sua vida.

CRESCER COM A PALAVRA

 Abra seus ouvidos e seu coração para o Senhor que vai falar por meio de sua Palavra. Acompanhe, com atenção, a leitura do texto bíblico.

 1Reis 19,3-15

Senhor, que pela luz do Espírito Santo eu compreenda tua Palavra de vida e salvação!

1. Vamos aprofundar a leitura do texto? Converse com o grupo e com o catequista e responda:

   a. Quem é Elias?

b. O que ele busca?

_____
_____

c. Quando Elias encontra a Deus, o que acontece?

_____
_____
_____
_____

2. Depois de conhecer melhor Elias e sua história, vamos tentar nos colocar em seu lugar e partilhar de sua experiência.

> Elias é um profeta. No versículo 3, lemos que ele está com medo e busca refúgio em Deus para aliviar seu coração. O que você faz quando sente medo? A quem você procura? O que lhe dá medo? Registre suas respostas.

_____
_____
_____
_____
_____
_____
_____

Freepik

> Nos versículos 4 e 8 do texto bíblico, lemos que Elias caminha rumo ao encontro com Deus. A caminhada não é fácil, e ele sente o cansaço; seu coração está entristecido com as ameaças que recebeu. Pense um pouco: Quando você está triste, em qual lugar vai buscar conforto?

125

Escreva no desenho dos pés aqueles lugares que você gosta de ir quando precisa descansar, porque o deixam alegre.

Levanta-te e come.

O caminho de Elias é longo, e ele precisa se alimentar; não pode continuar se não recuperar as forças. O alimento de Elias simboliza, para nós, a Eucaristia: Pão do Céu que nos devolve a vida! Elias, ao comer o pão que o anjo lhe mostra, sente-se fortalecido. E você, como se sente ao comungar? Escreva no desenho dos pães os sentimentos que a Eucaristia lhe traz.

Nos versículos 11 a 14 lemos que Elias encontrou a Deus e o encontro não aconteceu de maneira barulhenta, pelo contrário, foi de modo sutil que Elias sentiu a presença divina. E você, em quais lugares consegue encontrar a Deus? Escreva no espaço.

A Eucaristia é o alimento que nos fortalece para, no dia a dia, caminharmos ao encontro de Deus que vem até nós em nossos irmãos e irmãs.

3. Escreva uma oração ao Senhor para que Ele ajude você a melhor reconhecê-lo na Eucaristia.

CRESCER NA ORAÇÃO

A Eucaristia é alimento que nos fortalece e que exige de nós compromisso com a fé que abraçamos. Neste momento partilhe com seus colegas a oração que você escreveu.

CRESCER NO COMPROMISSO

Infelizmente nem todos têm comida, casa, trabalho, roupa; são muitos os necessitados. Participar da Eucaristia é comungar da missão de Cristo que deseja que todos tenham vida, e a tenham em abundância.

✶ Reúna, com seus colegas, doações que possam ser partilhadas com quem mais precisa: roupas, alimentos, materiais de higiene e outros. Mesmo que pareça pouco, será bastante para quem tem menos ainda.

Celebração com as famílias

ILUMINADOS POR CRISTO

ACOLHIDA

Animador: "No princípio Deus criou o céu e a terra. A terra estava deserta e vazia, as trevas cobriam o oceano e um vento impetuoso soprava sobre as águas" (Gn 1,1). Sem a luz, nada mais poderia existir, pois ela é fonte de vida. A luz faz crescer a planta, aquece o frio, movimenta o ar, nos dá segurança e nos permite vislumbrar todas as coisas criadas por Deus. Não é à toa que o Criador ordena primeiro: "'Faça-se a luz!' E a luz se fez" (Gn 1-3).

Leitor 1: Assim como tudo o que vive precisa da luz, nossa vida espiritual depende da luz de Nosso Senhor. Quando nos afastamos dessa luz, nossa alma mergulha nas trevas do pecado e nos tornamos tristes e amargos. Conhecendo nossas limitações e a nossa constante propensão a andar nas trevas do pecado, o Senhor fez-se carne e quis estar entre nós. "O povo que andava nas trevas viu uma grande luz. Sobre os que habitavam a terra, da sombra brilhou uma luz" (Is 9,1).

Animador: Hoje queremos celebrar a grande luz que é o Senhor em nossas vidas e pedir especialmente que esses adolescentes, que trilham o caminho da Iniciação Cristã, sejam iluminados e guiados pelos ensinamentos que receberam de Jesus Cristo, para que a Luz resplandeça através deles nesse mundo.

Canto

Presidente: Iniciemos nossa celebração manifestando que Deus é comunidade e nos reúne em nome do Pai e do Filho e do Espírito Santo.

Todos: Amém.

Catequista: No tempo em que um ambiente não podia ser iluminado com o simples clique de um botão, o acender das luzes no final do dia para as orações era um ritual de louvor e reconhecimento da luz maior que é Cristo. Esse ritual, seguido das orações da noite, era chamado de lucernário. Vamos pedir que a luz do Cristo Jesus ilumine nosso viver, assim como a luz do fogo ilumina esse ambiente.

Canto

Presidente: Senhor, nosso Deus, que aquece o nosso coração com o fogo do amor, fazei com que possamos acolher vossa luz celestial para andarmos seguros pelos caminhos da justiça e da caridade. Por Cristo, Senhor nosso, e por teu Santo Espírito.

Todos: Amém.

Catequista: Rezemos o Salmo 118(119),105-112, repetindo após cada versículo:

Tua palavra é uma lâmpada para meus passos e uma luz para meus caminhos.

Tua palavra é uma lâmpada para meus passos e uma luz para meus caminhos
Fiz um juramento, e o confirmo, de observar tuas justas decisões.

Tua palavra é uma lâmpada para meus passos e uma luz para meus caminhos.

Estou por demais humilhado: Senhor, reanima-me segundo a tua promessa!
Aceita, Senhor, as oferendas de minha boca e ensina-me tuas decisões!

Tua palavra é uma lâmpada para meus passos e uma luz para meus caminhos.

Tenho sempre nas mãos minha vida, mas não esqueci tua lei.
Os ímpios me armaram uma cilada, mas não me desviei de teus preceitos.

Tua palavra é uma lâmpada para meus passos e uma luz para meus caminhos.

Tuas prescrições serão sempre minha herança; são a alegria do meu coração.
Inclinei meu coração a cumprir teus decretos para sempre, até o fim.

Tua palavra é uma lâmpada para meus passos e uma luz para meus caminhos.

PROCLAMAÇÃO E REFLEXÃO DA PALAVRA

Canto

Presidente: Proclamação do Evangelho segundo São João 1,1-14.

Leitor 1: Composto no século V, o hino *Luz radiante* é o mais antigo de saudação da luz. Vamos recitá-lo em prece pedindo ao Senhor a graça de sermos sempre revestidos de sua luz.

Todos: *Luz alegre e santa glória do Pai imortal, celeste, santo, bendito Jesus Cristo. Tendo chegado o pôr do sol e contemplando a luz da noite, louvamos a Deus Pai, Filho e Espírito Santo. É oportuno que em todos os momentos tu devas ser louvado com vozes auspiciosas, Filho de Deus, Doador da vida: por isso todo o universo te glorifica.*

Leitor 1: "Outrora éreis trevas, mas agora sois luz no Senhor. Comportai-vos como filhos da luz" (Ef 5,8). Quando fomos batizados morremos para o pecado e renascemos para nos tornarmos em Jesus filhos da Luz e membros da comunidade. Banhados pela água que gera vida, vamos recordar nosso Batismo. Convido todos a se ajoelharem e, enquanto somos aspergidos, cantemos.

Canto

Catequista: No dia do nosso Batismo, nossos padrinhos acenderam uma vela no Círio Pascal, símbolo do Cristo Ressuscitado, luz do mundo. Um casal de padrinhos acenderá a vela de seu afilhado no Círio e partilhará essa luz com os demais, refazendo o gesto realizado no dia do Batismo.

Caso o padrinho ou a madrinha não esteja presente, os pais ou responsáveis pelo adolescente seguram a vela.

Canto

Animador: Convido os catequizandos a tomarem nas mãos o objeto que trouxeram como lembrança do Batismo e rezarem:

Catequizandos: *Senhor Jesus, no dia em que fui batizado, meus pais e padrinhos me deram o melhor de todos os presentes: a fé em ti. Hoje rendo graças por esse presente que recebi e peço que abençoe meus pais e padrinhos. Digo a vós, Jesus, luz radiante, que desejo por mim mesmo viver meu Batismo enquanto caminhar neste mundo e for testemunha de vossa luz e de vosso amor. Amém.*

Oração: *Senhor Jesus, nós agradecemos por ter confiado a nós essa criança que, agora crescida, deseja testemunhar sua fé. Que iluminados por ti, cumpram a missão de ser, também, luz no mundo. Recebe a luz de Cristo!* (Catequizando recebe a vela e responde:) *Que a luz de Cristo resplandeça em minha vida! Amém.*

Catequizandos: Erguer as velas e cantar: *Dentro de mim* (Padre Zezinho).

Presidente: Como família, povo escolhido por Deus, rezemos com amor e confiança a oração que o Senhor nos ensinou: *Pai nosso...*

BÊNÇÃO FINAL: Nm 6,24-26.

Celebração

CONFIRMADOS PELO ESPÍRITO

ACOLHIDA

Catequista: Queridos catequizandos, sejam bem-vindos. Nosso convite é para caminharmos iluminados pela Palavra e refletirmos sobre nosso compromisso de crismados. Vamos nos acolher cantando.

Canto

Catequista: Aproxima-se um grande momento na caminhada cristã de vocês: a celebração do sacramento da Confirmação. Por isso convidamos vocês para um momento de oração e meditação com a Palavra de Deus. Iniciemos em nome do Pai e do Filho e do Espírito Santo.

Sabemos que o Espírito Santo já habita em nós. Vamos pedir que Ele nos conduza nesta reflexão.

Canto

CRESCER COM A PALAVRA

Catequista: Aclamemos o Evangelho cantando.

Canto

Leitor: Vamos ouvir o Evangelho segundo São Lucas 4,1-21.

Catequista: Vamos realizar passo a passo a leitura orante.

1. Respire lentamente e pense no encontro com o Senhor.
2. Coloque-se na presença d'Ele, faça o sinal da cruz e diga: *Tu me vês.*
3. Leia, silenciosamente, o texto bíblico: Lc 4,1-21. Releia, lentamente, versículo por versículo.
4. Lembre que em cada palavra está o Senhor, que fala para cada um de nós, hoje.
5. Saboreie a Palavra de Deus, para encontrar paz e tranquilidade.
6. Movido pelo texto lido, converse com Jesus, de amigo para amigo, e reze com as seguintes palavras: *Senhor, dá-me tua força e ajuda-me a escolher sempre o bem!*

CRESCER COM A ORAÇÃO

Catequista: Jesus foi tentado no deserto, mas com a força do Espírito Santo escolheu o caminho correto.

Todos: Jesus, cheio do Espírito Santo, venceu as tentações e nos mostrou qual caminho seguir.

Catequista: Vamos recordar as tentações de Jesus. Ouçamos.

Leitor 1: Vamos ouvir o Evangelho segundo São Lucas 4,1-13.

Leitor 2: A primeira tentação de Jesus refere-se a uma necessidade básica: Ele sentia fome.

Todos: Se és Filho de Deus, manda que esta pedra se transforme em pão.

Leitor 3: Sentir fome faz parte da nossa natureza. O pão representa aqui tanto o alimento material quanto o espiritual.

Todos: Não se vive somente de pão, mas de toda a Palavra que sai da boca de Deus.

Catequista: A segunda tentação refere-se à necessidade de possuir algo, de ter coisas e de construir, de garantir nosso sustento e nossas posses.

Todos: Eu te darei todo este poder e a riqueza desses reinos.

Leitor 1: Novamente Jesus é tentado a pegar um atalho para sua vida: aceitar qualquer meio para garantir posses e riquezas.

Todos: O diabo lhe mostrou todos os reinos; tudo seria de Jesus, bastava que Ele o adorasse.

Leitor 2: Não é errado projetar sonhos e ter o desejo de alcançar bens materiais, pois precisamos sobreviver. O problema, nesse caso, é que o diabo propõe que Jesus coloque o seu bem-estar acima de tudo e adore o "deus dinheiro", buscando-o com todos os meios.

Todos: Adorarás o Senhor teu Deus e só a Ele prestarás culto!

Catequista: A terceira tentação refere-se à compreensão de que Deus nos protege e nos guarda; está relacionada com a nossa segurança.

Todos: Se és Filho de Deus, lança-te daqui abaixo, pois Ele te protegerá.

Leitor 1: Ser filho de Deus não significa viver descuidado e desatento. Deus cuida de nós e nos pede atenção, por isso devemos colaborar com Ele e evitar situações perigosas e de muito risco.

Todos: Não porás à prova o Senhor, teu Deus.

Catequista: As três tentações a que Jesus é submetido apresentam um roteiro de vida em que se busca caminhos mais fáceis, ainda que incorretos, para alcançar o que precisamos e queremos.

CRESCER NO COMPROMISSO

Catequista: Vamos ouvir o que Jesus fez depois que voltou do deserto.

Leitor: Vamos ouvir o Evangelho segundo São Lucas 4,14-21.

Catequista: Eis a missão de Jesus:

Todos: Anunciar a Boa-Nova, tornar o Reino de Deus presente no mundo.

Catequista: Jesus fez sua escolha, assumiu sua missão e não buscou atalhos, trilhou seu caminho. O sacramento da Crisma representa nossa maturidade como cristãos, é o momento de professar a nossa fé e assumir nossa missão. Vamos refletir um pouco, em alguns instantes de silêncio: Qual compromisso podemos assumir para melhor viver a mensagem do Evangelho?

Momento de silêncio e tempo para os catequizandos responderem.

Catequista: O que nos ajudará a viver nosso compromisso cristão é a fé. Vamos professar nossa fé e pedir que o Senhor nos ajude a alimentar nossos propósitos de servir o Evangelho.

Celebração com as famílias

CELEBRAR A VIDA EM COMUNIDADE

ACOLHIDA

Animador: Queridos catequizandos, hoje vamos celebrar a vida de nossa comunidade e a Eucaristia como partilha de vida. Com muita alegria, iniciemos invocando a Santíssima Trindade.

Todos: Em nome do Pai e do Filho e do Espírito Santo.

Catequista: Jesus aproveitou a importância do alimento em nossa vida para ficar entre nós. Ele fez da mesa da Última Ceia o primeiro altar para a refeição Eucarística.

Todos: Refeição é sinal de amizade, fraternidade, união e salvação.

Catequista: A Eucaristia é refeição sagrada; nela comungamos da mesma mesa e da mesma missão.

Todos: A mesa da Eucaristia nos renova e fortalece a comunhão.

PROCLAMAÇÃO DA PALAVRA

Catequista: Vamos acolher a Palavra de Deus cantando.

Leitor: Vamos ouvir a leitura de At 2,42-47.

REFLEXÃO SOBRE A PALAVRA

Leitor 1: No início da Igreja, a Celebração Eucarística era chamada de Fração do Pão.

Todos: A comunidade se reunia e partia o pão pelas casas.

Leitor 2: As primeiras comunidades repetiam o gesto de repartir o pão, mesmo gesto de Jesus durante a Última Ceia com seus apóstolos e amigos.

Todos: Reconheceram Jesus no partir do pão.

Leitor 3: Comungar é partilhar a vida, ser solidário e viver em fraternidade.

Todos: Os irmãos tinham tudo em comum.

Catequista: Vamos acompanhar algumas reações diante do pão partilhado.

DINÂMICA DO PÃO (Conforme orientação do catequista.)

ORAÇÃO FINAL

Animador: Na Celebração Eucarística de *Corpus Christi* é sugerido que se cante a "sequência", um hino de louvor e exaltação sobre algum tema da devoção cristã. Neste encontro vamos rezar algumas estrofes da sequência *Terra exulta* e pedir ao Senhor que nossa fé na Eucaristia cresça e se fortaleça.

Leitor 1: O que o Cristo fez na Ceia, manda a Igreja que o rodeia repeti-lo até voltar. Seu preceito conhecemos: pão e vinho consagremos para nossa salvação. Faz-se carne o pão de trigo, faz-se sangue o vinho amigo: deve-o crer todo cristão. Se não vês nem compreendes, gosto e vista tu transcendes, elevado pela fé.

Todos: Pão e vinho, eis o que vemos; mas ao Cristo é que nós temos em tão pequenos sinais.

Leitor 2: Alimento verdadeiro, permanece o Cristo inteiro quer no vinho, quer no pão. É por todos recebido, não em parte ou dividido, pois inteiro é que se dá! Um ou mil comungam d'Ele, tanto este quanto aquele: multiplica-se o Senhor.

Todos: Dá-se ao bom como ao perverso, mas o efeito é bem diverso: vida e morte traz em si. Pensa bem: igual comida, se ao que é bom enche de vida, traz a morte para o mau.

Leitor 3: Eis a hóstia dividida. Quem hesita, quem duvida? Como é toda o autor da vida, a partícula também. Jesus não é atingido: o sinal que é partido; mas não é diminuído, nem se muda o que contém.

Todos: Eis o pão que os anjos comem. Transformado em pão do homem. Só os filhos o consomem. Não será lançado aos cães!

Leitor 4: Em sinais prefigurados. Por Abraão foi imolado. No cordeiro aos pais foi dado, no deserto foi maná. Bom Pastor, pão de verdade. Piedade, ó Jesus, piedade, conservai-nos na unidade, transportai-nos para o Pai!

Todos: Aos mortais dando comida, dais também o pão da vida. Que a família assim nutrida seja um dia reunida aos convivas lá no céu!

Catequista: Que Deus nos abençoe hoje e sempre.

Todos: Amém.

Conecte-se conosco:

facebook.com/editoravozes

@editoravozes

@editora_vozes

youtube.com/editoravozes

+55 24 2233-9033

www.vozes.com.br

Conheça nossas lojas:
www.livrariavozes.com.br

Belo Horizonte – Brasília – Campinas – Cuiabá – Curitiba
Fortaleza – Juiz de Fora – Petrópolis – Recife – São Paulo

  Vozes de Bolso

EDITORA VOZES LTDA.
Rua Frei Luís, 100 – Centro – Cep 25689-900 – Petrópolis, RJ
Tel.: (24) 2233-9000 – E-mail: vendas@vozes.com.br